만다라 지혜노트·

프로필

이서영/작가/인문학 강사/칼럼니스트/도슨트
순창군립도서관상주작가2017
북카페 책읽어주는여자 블루노트

저서

〈세잔, 장자를 만나다〉, 〈사랑으로 떠나는 인문학 여행〉,
〈음악으로 떠나는 인문학 여행〉, 〈마음밥〉, 〈몸밥〉, 〈똥밥〉,
〈그림으로 떠나는 인문학 여행〉, 〈만다라 마음노트〉,
〈만다라 철학노트〉, 〈만다라 지혜노트〉
〈파르마콘 인문학〉 2020년, 10월 예정

주요 강의 주제

인문학/교육/심리/철학/자기개발/문학/글쓰기/
건강/관계/영문법 외

작가와의 컨택

ebluenote@hanmail.net
band: 블루노트와 레고블럭
facebook: 이서영
kakaostoty: 블루노트 작가서영
story channel: 책 읽어주는 여자 블루노트
column: breaknews
blog: http://blog.naver.com/3bluenote

목차

들어가며 / 007
만다라와 칼릴 지브란의 대화

Chapter 01 질문 Question
—
만다라 그림 Day 1 ~ Day 33 / **014**

Chapter 02 해답 Solution
—
만다라 그림 Day 34 ~ Day 68 / **082**

Chapter 03 지혜 Wisdom
—
만다라 그림 Day 69 ~ Day 100 / **154**

나가며 / 219
보여줄 수 있는 사랑은 아주 작습니다

참고문헌 / 229

들어가며

만다라와 칼릴 지브란의 대화

7

들어가며

만다라와 칼릴 지브란의 대화

칼릴 지브란의 [어느 광인의 이야기]를 읽습니다. 광인은 자신이 어떻게 광인이 되었는지 이야기해 줍니다.

내가 어쩌다 광인이 되었느냐고요? 사연은 이렇습니다.
어느 날, 그땐 아직 신들도 태어나기 훨씬 전이었지요. 아주 곤하게 자다 깨어보니 내 가면을 모두 도둑맞았지 뭡니까. 내 가면은 모두 일곱 개가 있었는데 손수 만들어 일곱 평생 동안 쓰고 지냈습니다. 나는 북적대는 거리를 가면도 없이 헤집고 뛰어다니며 소리를 질러 댔습니다.

"도둑이야, 도둑! 빌어먹을 도둑놈 같으니라고!"

그런 나를 보고 사람들은 비웃기도 하고 또 어떤 사람은 무서워 제집으로 뛰어 들어가 버리더군요,

그렇게 시장까지 갔을 때 어느 집 옥상에 서 있던 웬 꼬마 녀석이 "미친 사람이다!"하고 소리를 질렀습니다. 나는 고개를 들어 그 녀석을 올려다보았지요. 그러자 내 맨 얼굴에 태양이 입을 맞추는 게 아니겠습니까!
난생 처음 태양이 나의 맨 얼굴에 입 맞추자 내 영혼은 태양에 대한 사랑으로 불타올랐고 더 이상 가면은 생각나지도 않았어요. 얼마나 황홀한지 나도 모르게 이렇게 외쳤어요.

"내 가면을 훔쳐 간 자에게 축복이 있으라!"*
(칼릴 지브란, [어느 광인의 이야기], 진선북스)

아름답지 않습니까? 광인은 미친 사람이란 뜻입니다. 살면서 우리는 많은 가면들을 쓰고 살아야 합니다. 일종의 역할극인 거죠. 저라면 작가 역할, 엄마 역할, 딸 역할, 선생님 역할, 소비자 역할, 갑의 역할, 을의 역할 등 헤아릴 수 없이 많은 역할을 맡아서 무리 없이 소화해야만 합니다. 그런데 어느 날 이 모든 역할을 다 내려놓게 된 거에요. 사실 제가 원한 것은 아니었지만요.

처음에는 늘 하던 역할을 하지 않아도 된다는 사실을 알았을 때 충격이 먼저 다가왔습니다. 평생 이 역할들이 내 역할이라고 당연하게 알아왔는데 이제 아무 것도 억지로 하지 않아도 된다고? 이제 자유라고?

분석심리학자 칼 구스타프 융 박사는 우리는 전인적인 인간이어야 한다고 말합니다. 그래야 행복에 가까이 다가갈 수 있다고요. 전인적인 인간이란 좌우의 무게중심이 잘 잡힌 상태를 말합니다. 내 안과 겉이, 기쁨과 슬픔이, 선과 악이, 진정한 나와 가면을 쓴 나가 다르지 않은 상태 말이지요.

하지만 가면을 쓰고 살다보면 나답게 살 수 없으므로 나답게 살 수 없는 감정이나 의식의 잔여물들은 내 안에 그림자가 되어 쌓이게 됩니다. 처음에는 나보다 그림자가 더 작았지만 어느 순간 그림자가 나를 압도하는 순간을 맞이하게 됩니다. 그렇게 되면 결국 나는 사라져버리고 나의 환영, 껍질뿐인 나만 남게 되는 거죠.

그렇게 그림자는 상처가 되고 트라우마가 됩니다. 그것은 고질병이 됩니다. 병원에 가면 아픈 곳이 없다고 하는데 온몸이 아프고 어깨가 무너질 듯 무겁고 우울하고 아무것도 할 수 없는 무기력증 환자가 되어 갑니다.

마음에 병이 걸리는 것을 우울증이라고 합니다. 마음이 우울해지면 세상이 우울해 보입니다. 삶에 의욕이 사라지면 세상은 회색으로 변합니다. 이런 무채색의 세상에서 벗어나고 싶다면 아무것도 하지 않고 앉아 있지 말고 한 걸음이라도 옮겨야만 합니다. 움직이지 않는 마음의 자리에서 한 걸음 옮기게 만들어 주는 도구가 저의 경우에는 그림과 글입니다.

인간은 죽을 때까지 말과 글을 통해 나를 알리고 타자와 소통합니다. 그 중 지혜의 말, 위로의 말, 치유의 말, 깨달음의 말을 속삭이는 칼릴 지브란이라는 영성가의 말을 듣는 시간을 마련했습니다. 그는 지식을 넘어 지혜의 세상으로 우리를 이끕니다. 말하자면 소소한 깨달음에서 천둥 같은 깨달음에 이르기까지, 가벼운 바람에서 묵직한 바위까지 옮겨가게 만드는 사유의 힘을 지닌 지구별 여행자, 칼릴 지브란과 대화를 나눌 수 있도록 이 책에 모셔왔습니다.

그리고 그림. 그 중에서도 만다라입니다. 산스크리트어로 원을 뜻하는 만다라를 칼 구스타프 융 박사는 환자들의 심리치유의 훌륭한 수단으로 활용하였습니다. 2018년 2월 28일부터 시작하여 날마다 한 점씩 800여 점의 만다라를 날마다 그려왔습니다. 지우개를 사용하지 않고 한 획으로 그립니다. 잘 그리려 하지 않고 제 안의 무의식이 그립니다. 그렇게 그려진 만다라는 [만다라 마음노트]가 되고 [만다라 철학노트]가 되고 이제 다시 [만다라 지혜노트]가 되어 독자들과 눈을 맞춥니다.

　　이전 두 권의 책을 통하여 전국에 있는 독자들이 자신의 내면으로 여행을 떠났습니다. 그리고 안전하게 귀환하였으며 새로운 깨달음의 언덕으로 넘어갔습니다. 심리치유, 정신분석, 심리상담 등 다양한 분야에서 깨달음의 도구로 활용되고 있습니다. 어린 학생에서 시니어에 이르기까지, 지식이 없는 사람에서 고도의 사고를 하는 지성인에 이르기까지 상황에 따라 다르게 해석되고 다르게 체험되는 신비한 세상을 경험하실 수 있습니다.

　　늘 가면을 쓰고 살아야 안전하다고 생각하는 우리들에게 그 가면을 하나씩하나씩 벗어던지게 만드는 저 태양의 힘을 믿습니다. 지혜는 지식이라는 뗏목을 타고 강의 [이]편에서 강의 [저]편으로 우리를 옮겨놓습니다. 수많은 가면을 쓰고 사는 세상이 강의 [이]쪽이라면 '만다라'와 100가지 이야기를 전하는 '칼릴 지브란'을 통해 강의 [저]쪽, 지혜의 언덕, 소통과 치유의 언덕, 성장과 성숙의 언덕으로 건너가 보지 않겠습니까. 선택은 오로지 당신의 몫입니다.

　　　　　　- 봄날, 햇살 가득한 추령 북 카페에서 이 서영 작가 드립니다.*

Chapter 01
Question

질문

그대의 일상이야말로 그대들의 사원이자 종교입니다.
그러니 그 속에 들어갈 때마다
그대들 전부를 가지고 들어가십시오.
쟁기와 풀무, 망치, 기타도.
필요에 의해 만든 것도,
기쁨을 얻기 위해 만든 것도.
아무리 상상을 하더라도
그대들은 자신이 이룬 결과보다 더 높이 오를 수도,
자신이 경험한 실패보다 더 낮은 곳으로
내려갈 수도 없기 때문입니다.

Day 01

이제
나의 모든 것을 그대의 손안에
내어 맡깁니다.
내가 하는 일을
이해하고 존중하며 사랑해주는
이를 만나면
그의 손안에
나의 전부를
내어 맡길 수 있음은
그가
내게
자유를 주는 까닭입니다.*

- 1914년 6월 20일 메리 해스켈*

It is not a garment I cast off this day, but a skin that I tear with my own hands.

오늘 내가 벗어버린 것은 한낱 겉옷이 아니라 내 자신의 손으로 찢어낸 살갗이다.*

만다라 지혜노트

Day 02

그대와 나의 관계는
내 삶 속에서
가장 아름다운 것입니다.

내가 알고 있는
다른 어떤 이의
삶 속에서도
더 이상 아름다운 관계를
나는 알지 못합니다.

그것은 영원한 것입니다.

— 1922년 9월 11일 칼릴 지브란*

Nor is it a thought I leave behind me, but a heart made sweet
with hunger and with thirst.

내 뒤에 남겨놓은 것은 하나의 사상이 아니라 갈증과 목마름으로
달콤하게 된 나의 가슴이다.*

만다라 지혜노트

Day 03

인간은 위대해지지 않고서도
자
유
로
울
수
있
습
니
다
그러나
자유롭지 못하면
결코 위대해질 수 없습니다.*

— 1913년 3월 16일 칼릴 지브란*

Fain would I take with me all that is here. But how shall I?
여기 있는 모든 것을 나와 함께 가져갈 수 있다면 기꺼이 그리하리라.
하지만 어떻게 그렇게 할 수 있겠는가?*

만다라 지혜노트

Day 04

그대는

내 일과 내 자신의 문제에

늘 힘이 되어 주십니다.

나 또한

그대와 그대의 일에 도움이 되고자 노력해 왔습니다.

그리고

저는 지금

하늘에 감사하고픈 마음입니다.

이토록 아름다운

'그대와 나'에 대해서.*

- 1922년 3월 12일 칼릴 지브란*

A voice cannot carry the tongue and the lips that gave it wings. Alone must it seek the ether.

목소리는 자신에게 날개를 달아준 혀와 입술을 가져갈 수 없다. 그것은 홀로 하늘을 찾아가야 한다.*

만다라 지혜노트

Day 05

어느 거대한 낯선 도시에
들어서게 되면
나는 낯선 방에서의 잠,
낯선 곳에서의 식사를
사랑합니다.
이름 모를 거리를
거닐며
스쳐가는
낯선 이들을
바라보는 것을 사랑합니다.
나는
즐거이
외로운 나그네이고자 합니다.*

- 1911년 5월 16일 칼릴 지브란*

And alone and without his nest shall the eagle fly across the sun.

그리고 홀로 둥지를 버리고 독수리는 태양을 가로질러 날아올라야 한다.*

만다라 지혜노트

Day 06

때로

우리의 영혼이 알고 있는 것을

우리들 스스로는 알지 못합니다.

스스로 생각하고 있는 것보다

우리는 무한히 더

위대한 존재들입니다.*

- 1915년 10월 6일 칼릴 지브란*

Ready am I to go, and my eagerness with sails full set awaits the wind.

나는 갈 준비가 되었다. 그리고 나의 열망은 돛을 활짝 펼치고 바람을 기다리고 있다.*

Day 07

지적인 이들에게
가장 확고한 결혼의 기반은
우정입니다.
- 진정한 관심사를 나눠 가지는 것-
서로 다른 생각에 대해서는
논쟁하면서도
서로의 사상과 이상을
이해해 줄 수 있는 힘,
그것입니다.

- 1923년 5월 28일 칼릴 지브란*

Shall my heart become a tree heavy-laden with fruit that I may gather and give unto them?

나의 마음은 열매가 주렁주렁 열린 나무가 되어 그 열매를 그들에게 모아 줄 수 있을까?*

만다라 지혜노트

Day 08

햇살과 따사로운 온기를

받아들이려 한다면

또한

천둥과 번개도

받아들일 수 있어야 합니다.*

- 1922년 3월 12일 칼릴 지브란*

And shall my desires flow like a fountain that I may fill their cups?

나의 욕망은 그들의 잔을 채울 샘처럼 흘러넘칠 수 있을까?

Day 09

"그의 문체는 좋아하지만

그의 사상은 좋아하지 않아."

라고 말할 때

우리는 무심코

자기모순에 빠지고 맙니다.

문체와 사상은

하나인 것입니다.*

- 1912년 6월 2일 메리 해스켈*

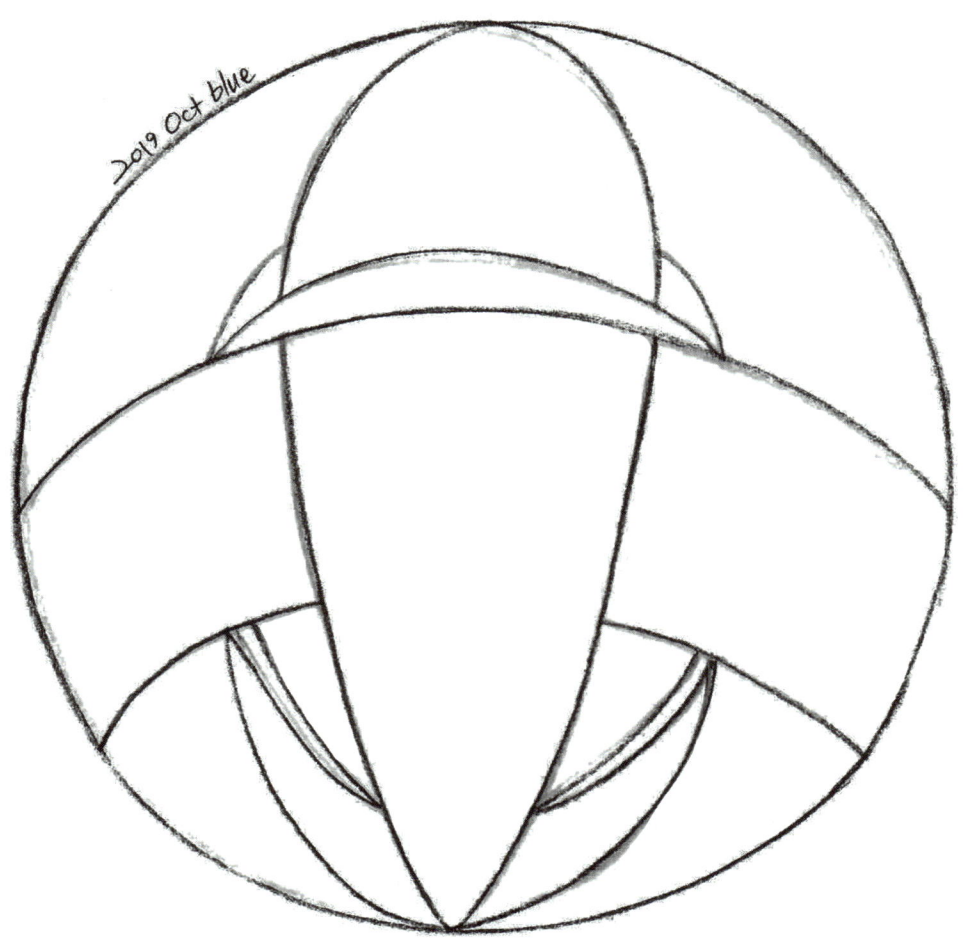

Am I a harp that the hand of the mighty may touch me, or a flute that his breath may pass through me?

나는 전능하신 이의 손이 나를 만질지도 모를 하프가 될 수 있을까, 아니라면 그의 호흡이 나를 관통해 가는 플룻이라도 될 수 있을까?*

만다라 지혜노트

Day 10

모든 예술 작품은

거울에 비추기 위해

만든 물건과 같습니다.

더욱이

그 거울은

우리네 인간입니다.*

　　　　　　　　　　　　　　　- 1912년 12월 14일 메리 해스켈*

A seeker of silences am I, and what treasure have I found in silences that I may dispense with confidence?

나는 단지 침묵의 구도자일 뿐인데, 침묵 속에서 어떤 보물을 발견해 확신을 가지고 나눌 수 있단 말인가?*

만다라 지혜노트

Day 11

시란 무엇입니까?

꿈을 더 크게 키워 나가는 것.

그러면

음악이란 무엇입니까?

더 깊은 소리를

들을 수 있는 힘을

기르는 것입니다.*

- 1914년 6월 20일 칼릴 지브란*

If this is my day of harvest, in what fields have I sowed the seed, and in what unremembered seasons?

만약 오늘이 나의 수확의 날이라면, 어느 밭에, 어떤 기억하지 못할 계절에 나는 씨앗을 뿌렸던 것일까?*

만다라 지혜노트

Day 12

이제야 깨달았습니다.

당신에 관해 가졌던

모든 근심은

내 안에 살고 있는

치졸함과 두려움에서

비롯되었다는 것을.*

– 1912년 6월 12일 메리 해스켈*

But much in his heart remained unsaid. For he himself could
not speak his deeper secret.

하지만 그의 마음 속 많은 것들이 말하지 못한 채로 남아 있었다.
왜냐하면 그의 보다 깊은 비밀은 말할 수 없었기 때문이다.*

만다라 지혜노트

Day 13

마음이 행하는 바를 따르십시오.
모든 중요한 일에
당신의 마음만이 올바른 길잡이입니다.

"그러나 내 마음은 참으로 보잘것없습니다."

두려워하지 마십시오.
그대가 행하고자 하는 것은
우리들 마음속에 살고 있는
신이 결정하는 것입니다.*

- 1922년 3월 12일 칼릴 지브란*

Go not yet away from us. A noontide have you been in our twilight, and your youth has given us dreams to dream.

아직은 우리로부터 멀어지지 말아요. 당신은 우리의 새벽에 한낮이었고 당신의 젊음은 우리에게 꿈꿀 수 있는 꿈들을 우리에게 주었으니.*

만다라 지혜노트

Day 14

타인에게서 가장 좋은 점을 찾아내어
그에게 얘기해 주세요.
우리들 누구에게나 그것이 필요합니다.
우리는 타인의 칭찬 속에서 자랐습니다.
그리고
그것이 우리를 더욱 겸손하게 만들었어요.
그 칭찬으로 하여 사람은 칭찬받을 만하도록
더욱 노력하는 것입니다.
진실한 의식을 갖춘 영혼은
자신보다 훨씬 뛰어난 무엇을
발견해 낼 줄 압니다.
칭찬이란 이해입니다.
근본적으로 누구나 위대하고 훌륭합니다.
누군가를 아무리 칭찬한다 해도 지나치지 않습니다.
타인 속에 있는 위대함과 아름다움을 발견하는 눈을 기르세요.
그리고
찾아내는 대로
그에게 이야기해 줄 수 있는 힘을 기르세요.*

- 1922년 1월 14일 메리 해스켈*

No stranger are you among us, nor a guest, but our son and
our dearly beloved.

당신은 우리 사이에서 이방인도 손님도 아니요, 우리의 아들이며
우리의 지극히 사랑받는 자입니다.*

만다라 지혜노트

Day 15

우리는 대지와 삶의 한 가지 표현입니다.
홀로 떨어져 나온 개체가 아닙니다.
우리는 땅과 우리가 떨어져 있는 모습을
볼 수 있을 만큼
그토록 멀리 갈 수도 없습니다.
우리는 거대한 순환 속에서만
움직일 수 있습니다.
우리의 키 자람도 결국
우주의 눈부신 진보의
한 조각일 뿐입니다.*

- 1922년 5월 5일 칼릴 지브란*

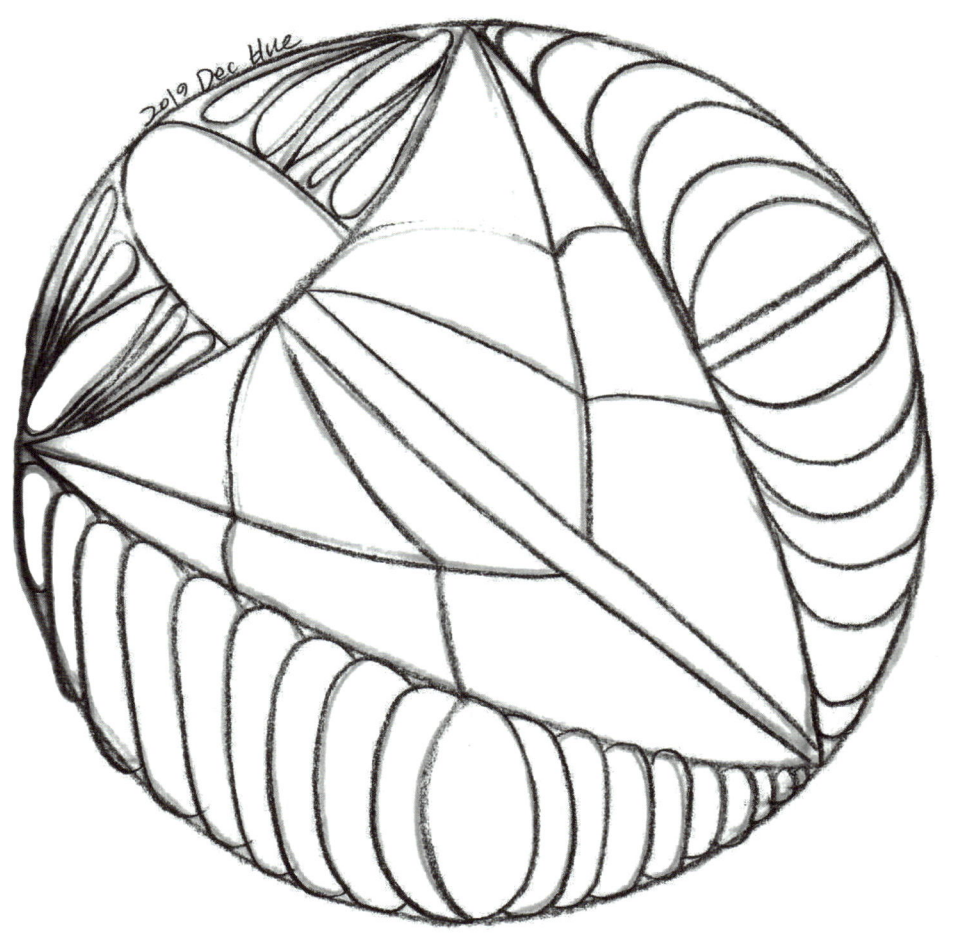

Let not the waves of the sea separate us now, and the years you have spent in our midst become a memory.

지금, 바다의 저 물결이 우리를 갈라놓게 하지 마시고, 당신이 우리 가운데서 보낸 세월들이 추억이 되게 하지 마십시오.*

Day 16

스스로에 대해 생각하는 것은
두려운 일입니다.

그러나
그것은 단 하나 정직한 일.
있는 그대로 나 자신을 생각하는 것
나의 추한 모습, 아름다운 모습, 그리고
거기서 문득 느끼는 경이로움.

이보다 더 견고한
출발점을 나는 알지 못합니다.
나 자신에서 말미암지 않고
어떻게 더 앞으로
나아갈 수 있습니까?*

- 1920년 9월 10일 메리 해스켈*

You have walked among us a spirit, and your shadow has been
a light upon our faces.

당신은 우리 사이를 하나의 정신으로 걸어왔으며 당신의 그림자는
우리의 얼굴을 비추는 하나의 빛이었습니다.*

만다라 지혜노트

Day 17

한 조개가 곁에 있는 조개에게 말했습니다.
"나는 속이 몹시 아프단다. 무겁고 둥근 것이
몸속에 있어서 너무너무 괴로워."
그러자 곁에 있던 조개가 도도하고 자신만만한 태도로 말했습니다.
"내겐 아무런 아픔도 없어.
저 하늘과 바다를 찬양하고 싶어라.
난 온몸이 건강하고 완전하거든."

그때, 지나가던 꽃게 한 마리가 둘의 이야기를 듣고는
온몸이 건강한 조개에게 이렇게 말했습니다.

"그래, 너는 건강하고 완전하구나.
하지만 네 곁에 있는 친구가 품고 있는 아픔은 바로 눈부시게 아름다운
진주란다."*

Much have we loved you. But speechless was our love, and with veils has it been veiled.

우리는 당신은 아주 많이 사랑했습니다. 하지만 우리의 사랑은 말로 할 수 없었으며 베일로 가려져 있었습니다.*

만다라 지혜노트

Day 18

한 과수원에 석류나무를 많이 가꾸는 사람이 있었어요.
해마다 가을이면 그는 은쟁반에 석류를 가득 담아
집 밖에 내놓았어요. 그리고 이렇게 쓴 쪽지를
함께 놓아두곤 했어요.

"아무거나 하나씩 그냥 가져가세요."

하지만 사람들은 무심코 지나칠 뿐, 아무도 석류를 가져가려 하지 않았어요.

곰곰이 생각하다가 그는 어느 가을엔, 은쟁반에 석류를
하나도 두지 않았어요.
대신 큼지막한 글씨를 써서 표지판을 세워 두었죠.

"우리나라에서 가장 품질이 좋은 석류가 있습니다.
어떤 석류보다 비싸게 팝니다."

그제서야 표지판은 눈여겨본 이웃 사람들이 석류를 사려고 앞 다투어 달려왔답니다.*

Yet now our love cries aloud unto you, and would stand revealed before you.

하지만 이제 우리의 사랑은 당신에게 소리 내어 외칩니다. 그리고 당신 앞에 드러난 채로 서 있습니다.*

만다라 지혜노트

Day 19

아침 해가 뜰 무렵 여우는
땅에 드리운 자기 그림자를 보더니 이렇게 말했어요.

"오늘 점심으로는 낙타 한 마리쯤은 먹어야겠는걸."

그리고는 오전 내내 낙타를 찾아 헤맸어요.
한낮이 되자 여우는 다시
자기 그림자를 바라보고는 이렇게 말했어요.

"생쥐 한 마리면 충분하겠군."*

And ever has it been that love knows not its own depth until the hour of separation.

그리고 사랑은 늘 이별의 순간이 오기까지는 그 자신의 깊이를 알 수 없으니.*

만다라 지혜노트

Day 20

옛날 어느 산골에 한 남자가 살았어요.
그는 고대의 위대한 예술가가 만든 조각상을 가지고 있었어요.
하지만 그 조각상은 얼굴이 땅에 처박힌 채
문 앞에 쓰러져 있었지만
그는 손톱만큼도 관심이 없었어요.
어느 날 도시에서 온 사람이 지나는 길에
그 조각상을 발견하고는 주인에게 "팔지 않겠습니까?" 하고 물었어요.
그는 아주 유식한 사람이었죠.
그러자 주인은 코웃음을 치며 되물었어요.
"도대체 누가 저 투박하고 지저분한 돌멩이를 돈을 주고 산답니까?"
도시에서 온 사람이 말했어요.
"조각상 값으로 이 은화 한 닢을 드리지요."

그러자 주인은 깜짝 놀랄 만큼 기뻤어요.

조각상은 코끼리 등에 실려 도시로 옮겨졌어요.
그리고 몇 달이 지났어요.
산골남자는 도시를 방문하게 되었어요.
그는 거리를 거닐다가 사람들이 우르르 우르르 떼 지어 몰려다니는 모습을 보았어요.

"자, 어서 들어오세요. 이 세상에서 가장 아름답고 훌륭한 조각상을 구경하세요.
거장의 경이로운 예술 작품을 감상하시는 데
단돈 은화 두 닢만 받습니다."

그래서 산골 남자는 은화 두 닢을 내고는 전에 자기가 은화 한 닢에 팔았던 조각상을 보려고 가게 안으로 들어갔습니다.*

Yet this we ask ere you leave us, that you speak to us and give us of your truth.

하지만 우리는 이것을 당신이 떠나기 전에 요구하노니, 우리에게 당신의 진실을 말해 주소서.*

만다라 지혜노트

Day 21

알무스타파, 신의 선택을 입은 자이자 신의 사랑을 받은 자.
시대의 새벽을 알리던 그는 열두 해 동안 오팔리즈에 머물며, 자신을 고향 섬으로 데려다 줄 배를 기다리고 있었다.
어느덧 열두 해가 지나고 수확의 달 이엘룰의 초이렛날이 다가오자, 그는 도시 밖에 있는 언덕으로 올라가 바다를 바라보았다.
기다리던 배가 안개를 헤치며 다가오는 모습이 보였다. 그러자 마음의 문이 활짝 열리고 기쁨은 바다 위로 멀리 날아올랐다. 그는 눈을 감고 영혼의 침묵 속에서 기도를 올렸다.*

And we will give your truth unto our children, and they unto their children, and it shall not perish.

그리하여 우리는 당신의 진실을 우리 아이들에게 전할 것이고 우리 아이들은 그들의 아이들에게 전하여 당신의 진실은 사라지지 않을 것입니다.*

만다라 지혜노트

Day 22

그래도 더는 지체할 수 없다. 만물을 품 안으로 불러들이는 바다가 나를 부르니 이제는 배에 오를 수밖에.

시간이 밤새도록 불타오른다 하여도, 머문다는 것은 단단히 얼어 굳어버리는 것이자, 틀에 갇히는 것이리라.

이곳에 남긴 것을 모두 가져가고픈 마음이 간절하나, 내 어찌 그럴 수 있겠는가. 목소리와 함께, 그 소리에 날개를 달아주는 혀와 입술까지 데려갈 수는 없는 법.

그저 홀로 하늘로 솟구쳐야 하리라. 독수리가 태양 저편으로 가기 위해서는 둥지를 버리고 홀로 날아올라야 하듯이.*

When love beckons to you, follow him. Though his ways are hard and steep.

사랑이 당신에게 손짓하거든 그를 따르십시오. 비록 그의 길이 힘들고 가파르다 하여도.*

만다라 지혜노트

Day 23

그때 그는 혼자 중얼거렸다.

이별의 날이 만남의 날이 되어야 하는가.

내 마지막 날의 저녁을 정녕 새날의 새벽이라고 말할 수 있을 것인가. 밭고랑에 쟁기를 내던지고 온 이에게, 포도 짜는 바퀴를 멈추고 온 이에게 나는 무엇을 줄 것인가.

내 가슴이 주렁주렁 열매가 달린 나무가 되어 그 열매를 나눠 줄 수 있을까.

내 소망이 샘처럼 흘러넘쳐 이들의 잔을 채워줄 수 있을까.

과연 내가 전능하신 분의 손길이 어루만지는 하프이자, 그분의 숨결이 스치는 피리가 될 수 있을까.

침묵을 탐구하는 자로서, 침묵 속에서 어떤 보물을 찾아내어 자신에게 내놓을 수 있겠는가.*

And when his wings enfold yield to him, though the sword hidden among his pinions may wound you.

그의 날개가 감싸 안으면 그에게 복종하세요. 비록 그의 날개 속에 숨겨진 칼이 당신을 상처 입히더라도.*

만다라 지혜노트

Day 24

지금 바다의 물결이 우리를 갈라놓지 않았으면 합니다.

그대가 우리와 함께 한 세월이 옛 기억이 되지 않았으면 합니다.

그대는 우리에게 영혼의 존재로 다가왔고, 그대의 그림자는 우리 얼굴에 비치는 빛이었습니다.

우리는 그대를 몹시 사랑했으나, 우리의 사랑은 말로 표현하지 못한 사랑이자, 장막에 가려진 사랑인 것을. 이제 그 사랑이 그대를 부르짖고, 그대 앞에 모습을 드러내려 합니다.

무릇 사랑이란 이별의 순간이 올 때까지 그 깊이를 알지 못하는 법입니다.*

and when he speaks to you believe in him, though his voice may shatter your dreams as the north wind lays waste the garden.

사랑이 당신에게 말하면 그를 믿으십시오. 비록 그의 목소리가 북풍이 정원을 망가뜨리듯 당신의 꿈을 산산이 흩어버릴지라도.

만다라 지혜노트

Day 25

사랑이 그대들에게 손짓하거든 그를 따르십시오.

그 길이 험난하고 가파르다 하여도.

사랑의 날개가 그대들을 감싸거든 몸을 내맡기십시오.

날개깃 속에 숨겨진 칼이 그대들을 찌른다 하여도.

사랑이 그대들에게 말을 걸거든 그를 믿으십시오.

거센 북풍이 정원을 휩쓸어 버린다 하여도.

그 목소리가 그대들의 꿈을 산산조각 낸다 하여도.

사랑은 그대들에게 왕관을 씌우기도 하지만 그대들에게 십자가를 지우기도 합니다.

사랑은 그대들을 성장시키기도 하지만 그대들을 잘라 내기도 합니다.*

For even as love crowns you so shall he crucify you.

사랑은 당신에게 왕관을 씌워주기도 하지만 그렇게 당신에게 면류관을 씌워주기도 합니다.*

만다라 지혜노트

Day 26

사랑은 그대들의 머리 위로 올라가 태양 아래 흔들리는 여린 가지를 어루만져 주기도 하지만 그대들의 뿌리로 내려가 땅속에 붙박은 뿌리들을 흔들어 놓기도 합니다.

사랑은 곡식 단처럼 그대들을 거두어들일 것이요,

사랑은 그대들은 타작하여 알몸으로 만들 것이요,

사랑은 그대들을 체로 걸러 갑갑한 껍질을 털어 낼 것이요.

사랑은 그대들을 빻아 하얀 가루로 만들 것이요,

사랑은 그대들을 부드러워질 때까지 치댈 것입니다.

그러고는 그대들을 신성한 불속에 집어넣어, 신의 거룩한 만찬에 성스러운 빵으로 내놓을 것입니다.*

Even as he is for your growth so is he for your pruning.
사랑은 당신의 성장을 위해서도 존재하지만 당신을 가지치기 위해 존재하기도 합니다.*

만다라 지혜노트

Day 27

사랑은 이 모든 일을 행하여 그대들 속에 있는 비밀을 일깨울 것이며, 그 깨달음은 그대들의 삶에서 한 조각의 심장이 될 것입니다.

허나 그대들이 두려움 때문에 사랑의 평화와 기쁨만을 좇는다면, 차라리 알몸을 가리고 요동치는 사랑의 마당을 지나가는 편이 나을 것입니다.

그리고 계절 없는 세상으로 가서 웃어도 온몸으로 웃지 못하며, 울어도 온 마음으로 울지 못할 것입니다.

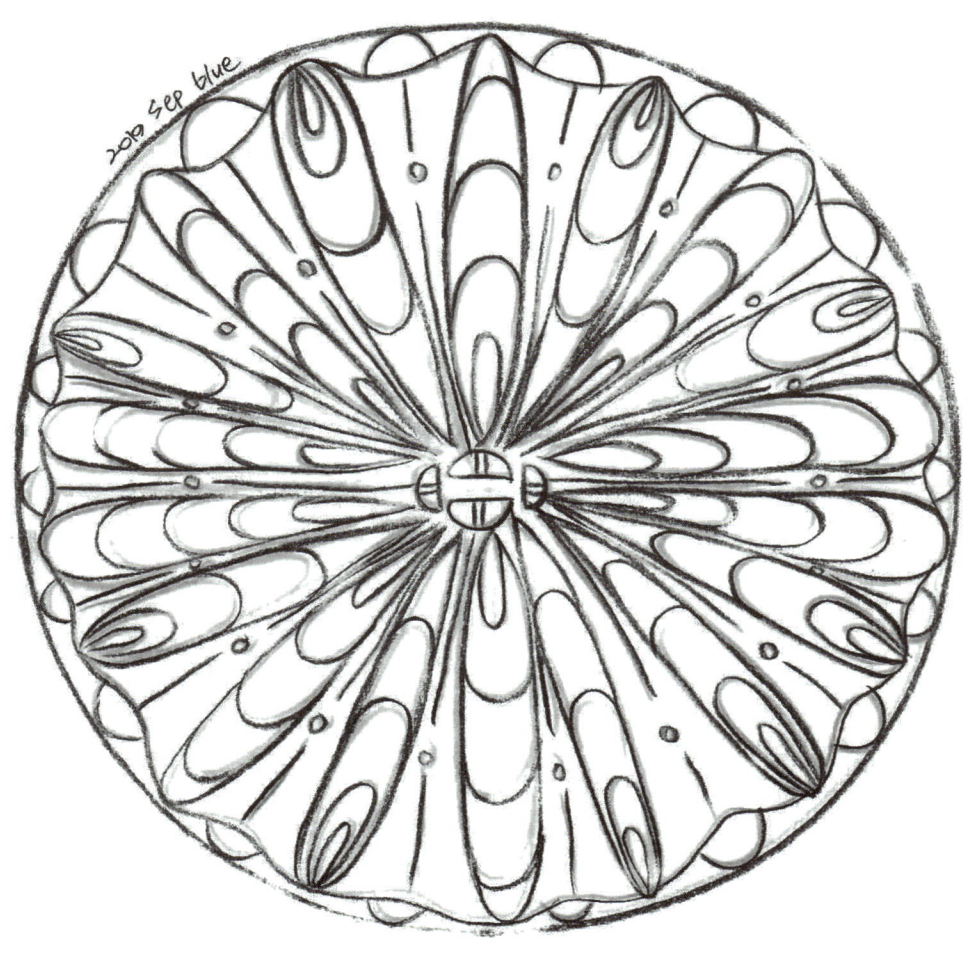

Even as he ascends to your height and caresses your tenderest branches that quiver in the sun,

사랑은 당신의 높이까지 올라가 태양에 하늘거리는 당신의 가장 부드러운 가지를 어루만져주는 것처럼,*

만다라 지혜노트

Day 28

사랑은 저 자신 외에는 아무것도 주지 않으며, 사랑은 저 자신 외에는 아무것도 취하지 않습니다.

사랑은 소유하지 않으며 소유되지도 않습니다.

사랑은 다만 사랑으로 충분하기 때문입니다.

그대들이 사랑에 빠진다면 "신이 내 마음속에 계신다."고 하지 말고, "내가 신의 마음속에 있다."고 말하십시오.

또 그대들 스스로가 사랑이 향할 길을 인도할 수 있다고 생각하지 마십시오.

사랑이 그대들을 가치 있게 여긴다면 저절로 그대들의 길을 인도해 줄 것입니다.*

So shall he descend to your roots and shake them in their clinging to the earth.

그렇게 사랑은 당신의 뿌리까지 내려가 땅에 딱 붙어 있는 그들을 흔들어대기도 합니다.*

Day 29

사랑은 그 어떤 소망도 없이 자신을 채우려 할 뿐.

다만 그대들이 사랑에 빠져 소망을 품을 수밖에 없다면 다음의 것들을 소망하십시오.

녹아서 밤새도록 노래하며 흐르는 시냇물이 되기를.

넘치는 다정함으로 인한 고통을 알게 되기를.

스스로 알게 된 사랑으로 상처받고, 즐거운 마음으로 기꺼이 피 흘리기를.

날개 달린 마음으로 새벽에 일어나, 사랑할 날이 하루 더 있다는 것에 감사하기를.

마음속으로 사랑하는 이를 위해 기도하기를.

그대들의 입술로 찬미의 노래를 부르며 잠들기를.*

Like sheaves of corn he gathers you unto himself.

곡식 단처럼 사랑은 당신을 그에게로 거두어들입니다.*

만다라 지혜노트

Day 30

그러나 함께하는 순간에도 서로 거리를 두고, 하늘의 바람이 그대들 사이에서 춤추게 하십시오.

서로가 서로를 사랑하십시오.

허나 사랑의 서약은 맺지 말기를.

바다가 그대들 영혼의 해안 사이에서 물결치게 하십시오.

서로의 잔을 채우되 한 잔으로 같이 마시지는 마십시오.

서로에게 자신의 빵을 주되 한 덩어리를 같이 먹지는 마십시오.

함께 노래하고 춤추며 기뻐하되 서로에게 혼자만의 시간을 주십시오.

마치 기타의 줄들이 하나의 음악에 함께 떨릴지라도, 서로서로 떨어져 있는 것처럼.*

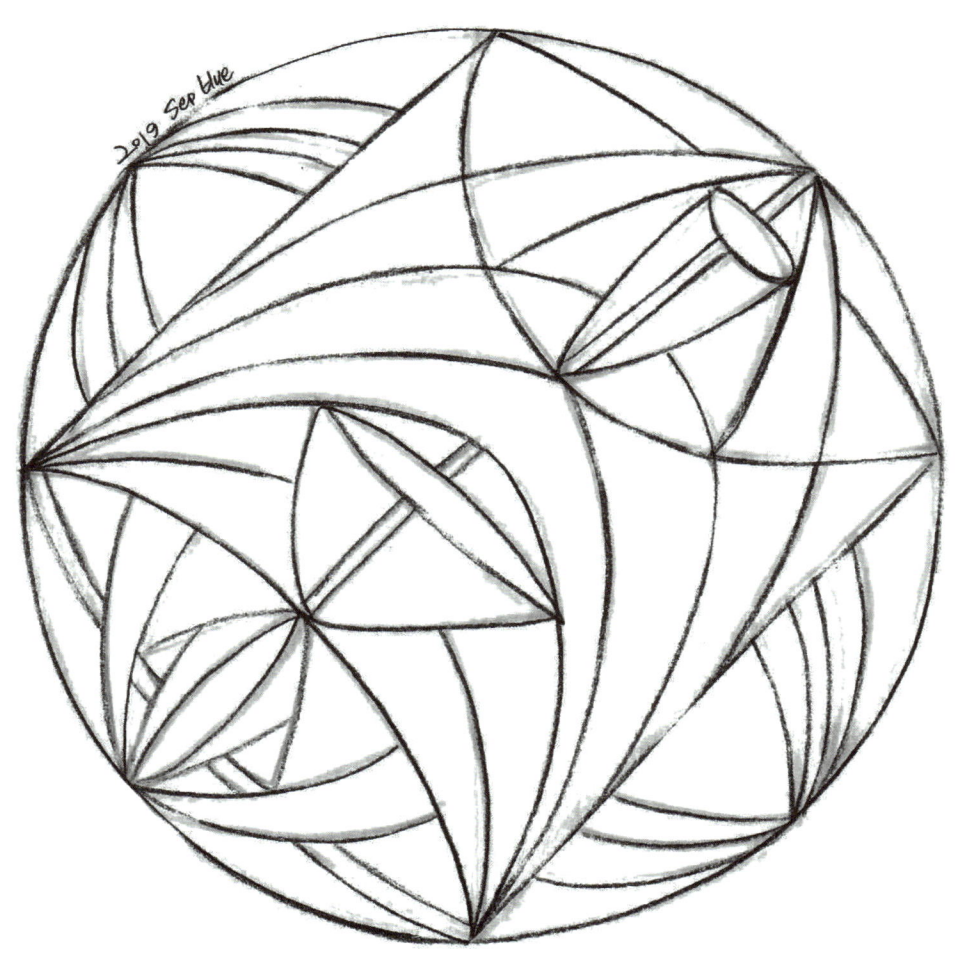

He threshes you to make you naked.

사랑은 당신을 타작하여 당신을 알몸으로 만듭니다.*

만다라 지혜노트

Day 31

서로 마음을 주되 서로의 마음을 가지려 하지 마십시오.

생명의 손길만이 그대들의 마음을 소유할 수 있습니다.

함께 서 있되 너무 가까이 서 있지는 마십시오.

사원의 기둥이 서로 떨어져 있듯이, 참나무와 사이프러스 나무도 서로의 그늘 아래서는 잘 자라지 못하는 법입니다.*

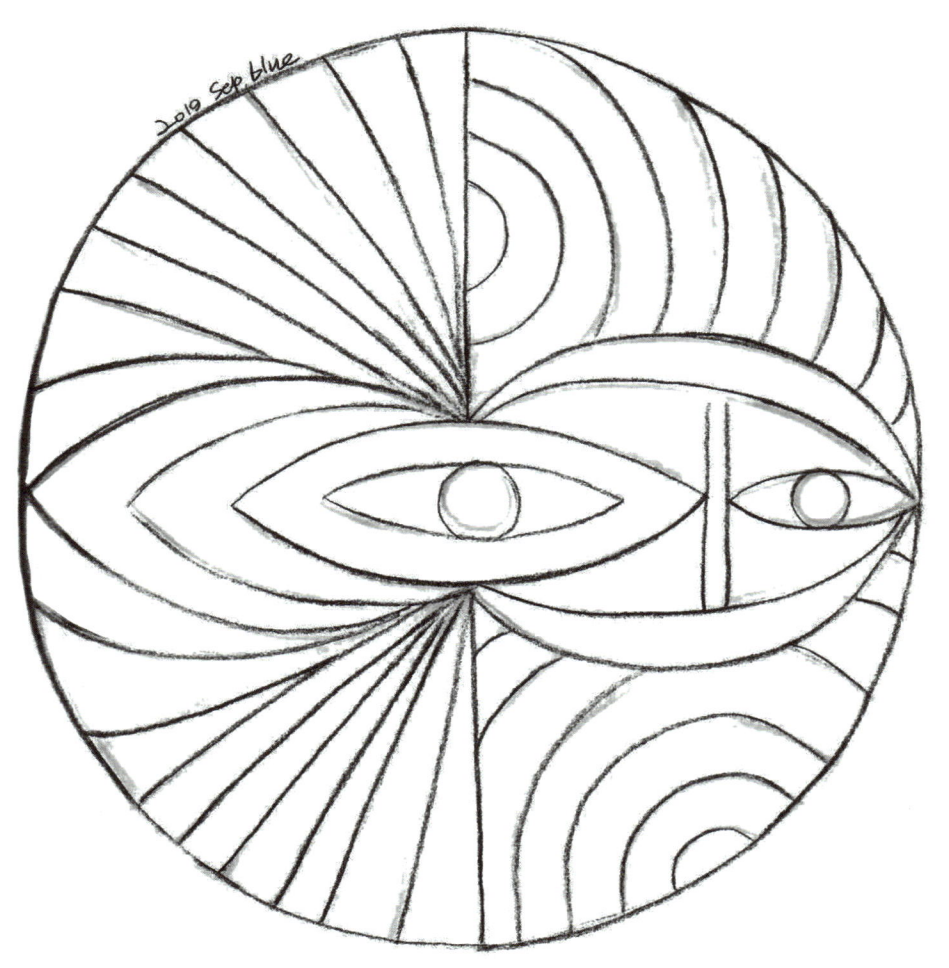

He sifts you to free you from your husks.

사랑은 당신을 키질하여 껍질로부터 당신을 자유롭게 만듭니다.*

만다라 지혜노트

Day 32

그대들의 아이들은 그대들의 것이 아닙니다.

아이들은 스스로 삶을 갈구하는 생명의 아들이자 생명의 딸입니다.

아이들은 그대들을 거쳐 왔으나 그대들에게서 나온 것이 아니며, 비록 그대들과 함께 지낸다 해도 그대들의 소유물은 아닙니다.

아이들에게 그대들의 사랑을 주되 그대들의 생각까지 주지는 마십시오.

아이들 스스로도 생각할 줄 알기 때문입니다.*

He grinds you to whiteness.

사랑은 당신을 갈아 흰 가루로 만듭니다.*

만다라 지혜노트

Day 33

아이들의 몸이 머물 집을 주되 영혼이 머물 집은 주지 마십시오,
아이들의 영혼은 그대들이 꿈에서라도 감히 찾을 수 없는 내일의 집에 살기 때문입니다.
아이들과 닮아 가려 애쓰되 아이들에게 그대들을 닮으라고 강요하지 마십시오.
삶이란 뒤로 돌아가는 것도, 어제와 함께 머무는 것도 아니기 때문입니다.
그대들은 활이며, 그 활에서 아이들은 살아 있는 화살처럼 앞으로 날아갑니다.

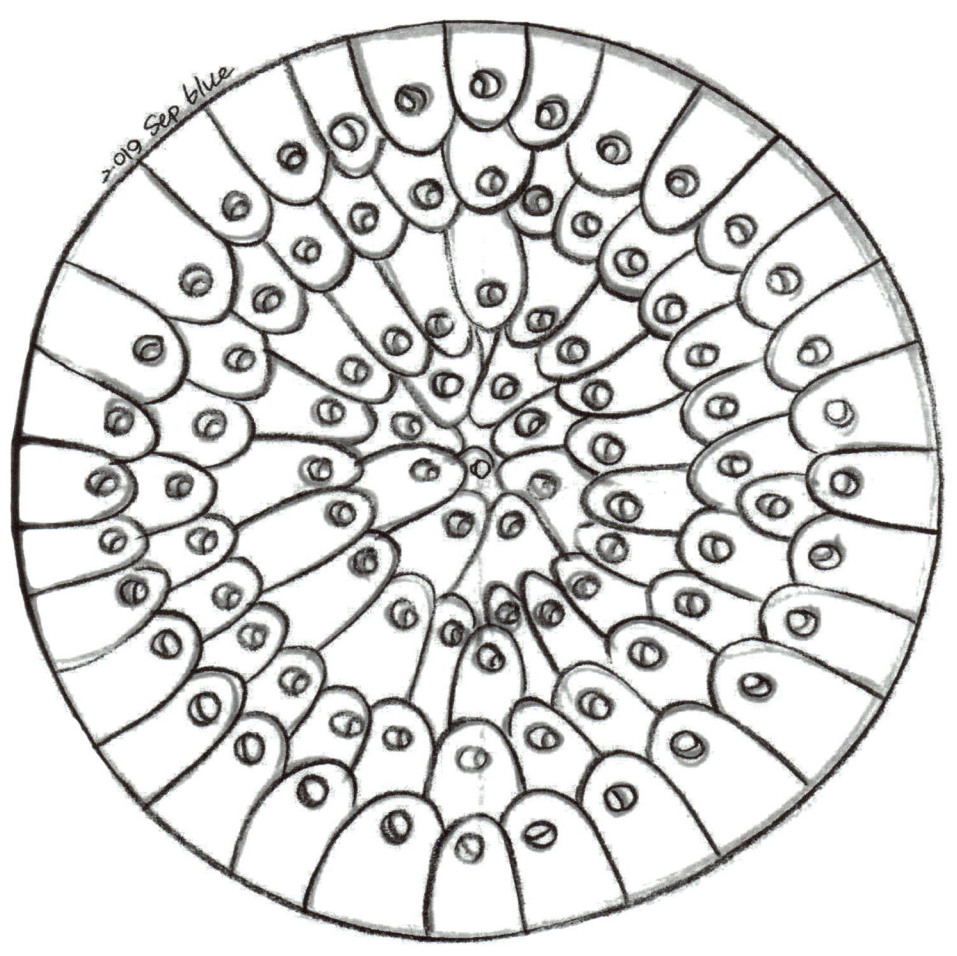

He kneads you until you are pliant;
사랑은 당신이 부드러워질 때까지 반죽을 합니다.*

만다라 지혜노트

Chapter 02
Solution

해답

그대들 고통의 대부분은 스스로 선택한 것입니다.
그대들 안의 의사가 아픈 자아를 치유하기 위해
지어 준 쓴 약입니다.
허니 의사를 믿고, 그가 준 약을 묵묵히
침착하게 받아 마십시오.
그의 손이 아무리 무겁고 거칠다 하여도,
그 손은 보이지 않는 그분의 손길이 인도한 것입니다.
그가 내준 잔이 아무리 그대들 입술을 불타게 하여도,
그 잔은 도공이 자신의 성스러운 눈물로 적시고
흙으로 빚은 것입니다.*

Day 34

그대들이 가진 물건을 나눠 준다면 그것은 주는 것이 아닙니다. 진실로 그대들 자신을 내줄 때 진정으로 주는 것입니다.

그대들이 가진 물건이란, 내일 필요할까 걱정하는 마음에 그저 붙들어 지키고 있는 것이 아닙니까.

욕망이 채워지지 않을까 두려워함이란 무엇입니까.

욕망 그 자체가 두려움이 아닙니까.

그대들의 우물이 가득 찼음에도 목마름을 겁낸다면, 그 목마름은 결코 풀 수 없는 것이 아닙니까.*

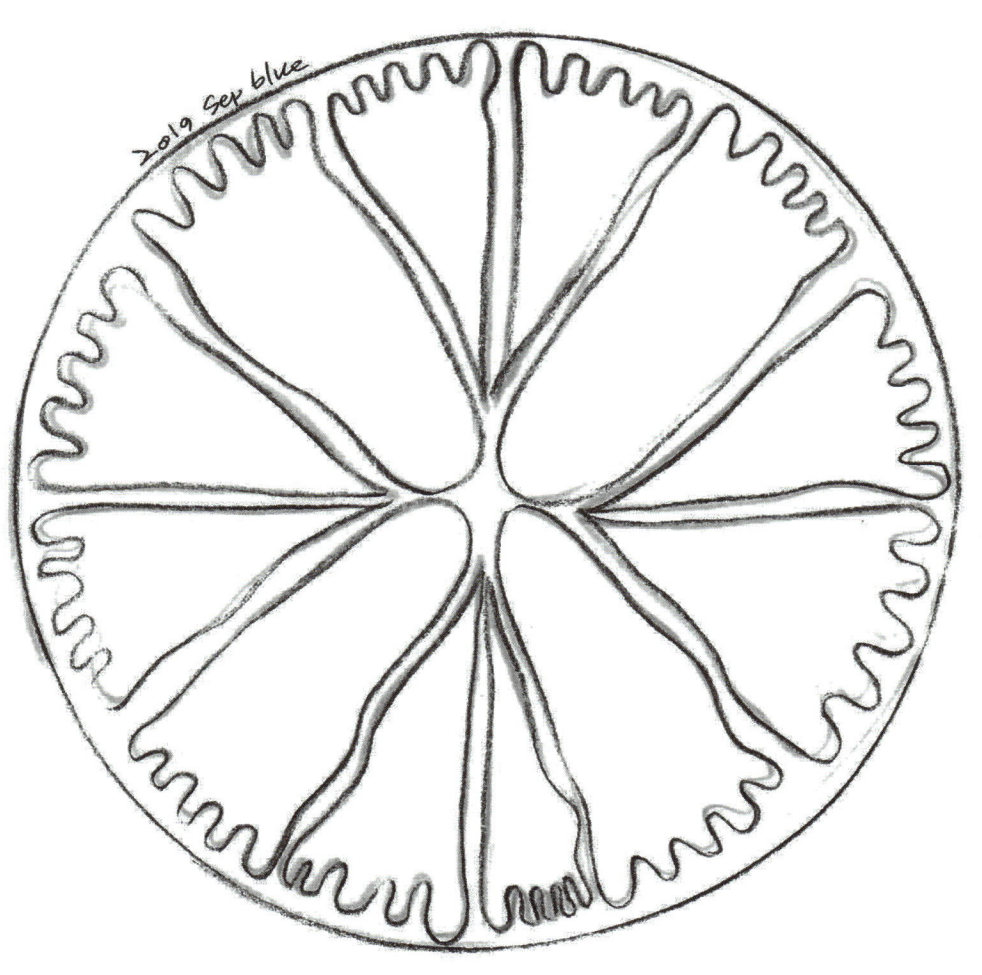

And then he assigns you to his sacred fire, that you may become sacred bread for God's sacred feast.

그런 다음에 사랑은 당신을 그의 성스러운 불에 올려놓아 당신이 신의 신성한 축제를 위한 성스러운 빵이 되게 합니다.*

만다라 지혜노트

Day 35

그대들이 움켜쥘 수 있는 것이 과연 있습니까.

그대들이 가진 것은 언젠가 모두 내주어야 합니다.

그러니 지금 주십시오. 그대들 뒤를 이을 아이들에게 주지 말고, 사계절 내내 아낌없이 주십시오.

먼저 그대들 자신이 줄 자격이 있는지, 줄 만한 그릇이 되는지 돌아보십시오.

진실로 생명에게 줄 수 있는 존재는 생명 그 자체일 뿐.

그대들 스스로를 주는 자로 여길 지라도 그대들은 한낱 목격자에 지나지 않습니다.*

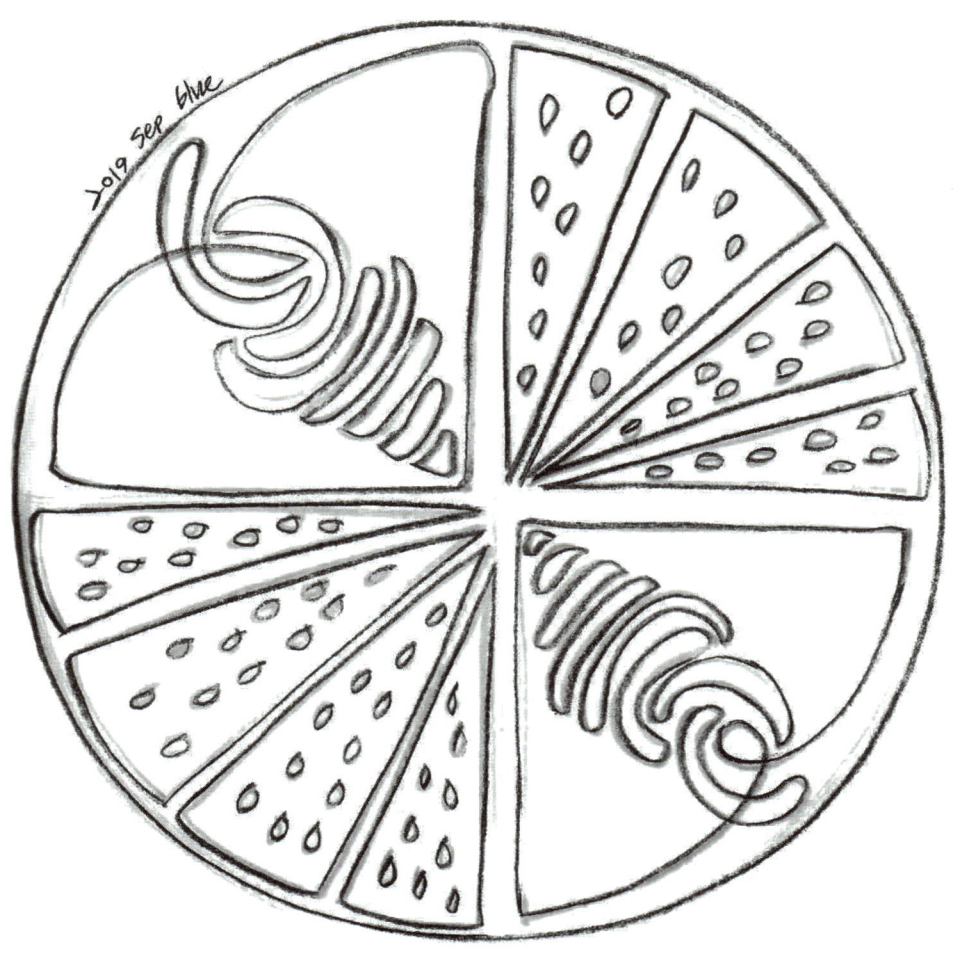

All these things shall love do unto you that you may know the secrets of your heart, and in that knowledge become a fragment of Life's heart.

사랑이 이 모든 것을 당신에게 하는 것은 당신이 당신의 마음의 비밀을 알아, 그 지식 속에서 생명의 마음의 일부가 되게 하려는 것입니다.*

만다라 지혜노트

Day 36

받는 사람인 그대여.

그대들은 하나같이 받는 사람들입니다.

그러니 감사의 무게를 가늠하여 스스로에게, 또 주는 자에게 멍에를 짊어지게 하지 마십시오.

차라리 받은 선물을 날개 삼아 주는 자와 함께 날아오르십시오.

그대들이 진 빚에 마음을 쓰는 것은, 넉넉한 땅을 어머니로 두고 하늘의 신을 아버지로 둔 사람의 너그러운 마음을 의심하는 것입니다.*

But if in your fear you would seek only love's peace and love's pleasure,

그러나 당신의 두려움 속에서 당신이 사랑의 평화나 즐거움만을 찾으려고 한다면,*

만다라 지혜노트

Day 37

그대들은 흙의 향기로만 살아갈 수 있습니까.
식물처럼 빛으로만 숨을 이어갈 수 있습니까.
결국 그대들은 먹기 위해 무언가를 죽여야 하고, 목마름을 달래기 위해 갓난아이의 어미젖을 빼앗아야 합니다.
그렇다면 그 행위가 예배 의식이 되게 하십시오.
그대들의 식탁을 제단으로 차리고, 숲과 들에서 나오는 맑고 순결한 것들로 채우십시오.*

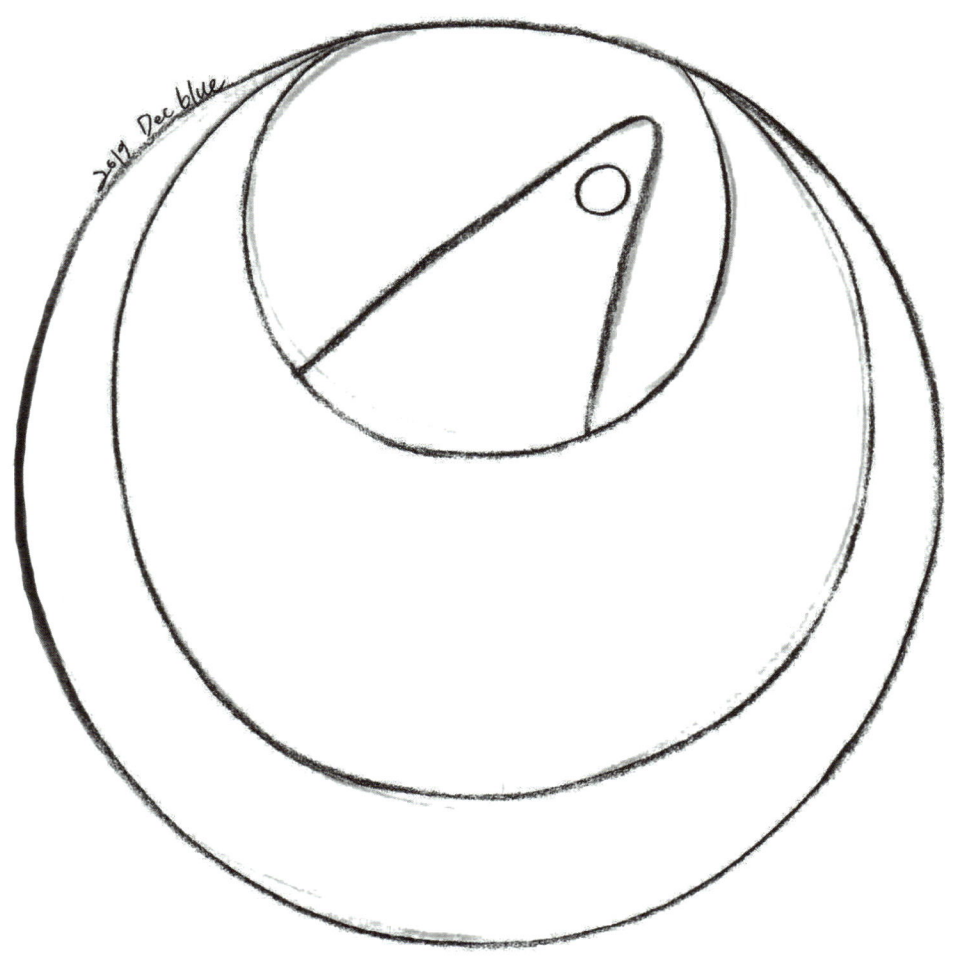

Then it is better for you that you cover your nakedness and
pass out of love's threshing-floor,

그렇다면 당신은 당신의 알몸을 가리고 사랑의 타작마당을 떠나는 것이
더 나을 것입니다.*

만다라 지혜노트

Day 38

사과를 베어 물 때면 마음속으로 이렇게 말해 주십시오.

"그대의 씨앗은 내 몸 안에 살아 있을 것이며, 그대의 새싹은 내일 내 가슴속에서 꽃을 피울 것이다. 그대의 향기는 나의 숨결이 되어, 사계절을 함께 기쁨으로 맞이하리라."

가을이 되어 포도밭에서 열매를 거두어 즙을 낼 때면 속으로 이렇게 속삭이십시오.

"나는 포도밭과 같아서, 거두어들인 내 열매도 포도즙이 될 것이다. 그리하여 나 또한 새 포도주처럼 영원의 잔에 담길 것이니."*

Into the seasonless world where you shall laugh, but not all of your laughter, and weep, but not all of your tears.

당신이 웃어도 당신의 웃음 모두를 웃을 수 없고 운다 해도 당신의 눈물 모두를 쏟아낼 수 없는 계절 없는 세상으로 떠나는 것이 더 나을 것입니다.*

만다라 지혜노트

Day 39

그대들은 일을 통해 땅과 땅의 영혼에 발걸음을 맞출 수 있습니다. 게으름을 피우는 행동은 계절에서 멀어지는 것입니다. 또한 장엄하고도 순수한 복종으로 무한을 향해 나아가는 삶의 행렬에서 벗어나는 것입니다.

그대들은 일할 때 시간의 속삭임을 음악으로 울려 퍼지게 하는 피리가 될 것입니다.

그대들 모두가 한 목소리로 조화를 이루어 노래를 부르는데, 누가 혼자인 채 벙어리 갈대가 되려 하겠습니까.*

Love gives naught but itself and takes naught but from itself.
사랑은 그 자신 외에는 아무것도 주지 않으며 그 자신으로부터 외에는
아무것도 가져가지 않습니다.*

만다라 지혜노트

Day 40

그대들은 일이란 저주이며 노동은 불운이란 말을 늘 듣습니다.

허나 그대들에게 말하노니, 그대들은 일함으로써 이 땅의 머나먼 꿈의 한 조각을 이룰 것입니다.

그 꿈은 태초에 태어날 때부터 그대들에게 주어진 몫이었으니, 그대들이 쉬지 않고 일할 때 진정 삶을 사랑하는 것입니다.

더 나아가 일을 통해 삶을 사랑하는 길은 삶의 깊숙한 비밀에 다가가는 것입니다.*

Love possesses not nor would it be possessed; For love is sufficient unto love.

사랑은 누군가를 소유하지 않고 소유되지도 않습니다. 사랑은 사랑으로 충분하기 때문입니다.*

만다라 지혜노트

Day 41

만약 그대들이 괴로운 나머지 태어남을 고난이라 부르고 몸으로 살아가는 일이 이마에 적힌 저주라고 부른다면, 나는 이렇게 대답하겠습니다. 이마에 흐르는 땀방울만이 그곳에 적힌 저주를 씻어 버릴 수 있다고.*

when you love should not say, "God is in my heart," but rather, "I am in the heart of God."

당신이 사랑할 때, 당신은 "신은 내 마음속에 있습니다."라고 말하기 보다는 "나는 신의 마음 안에 있습니다."라고 말하십시오.*

만다라 지혜노트

Day 42

그대들은 삶이 어둠이라고 들었으니, 그대들이 지쳐 있을 때 지친 자가 했던 말을 그대로 되풀이할 수밖에 없습니다.

허나 그대들에게 말하노니, 열망이 없는 한 삶은 진정한 어둠에 불과하며, 지식이 없는 한 모든 욕망은 맹목적인 것입니다.

모든 지식은 노동이 없는 한 헛된 것이며, 모든 노동은 사랑이 없는 한 공허한 것입니다.

사랑으로 일할 때 그대들은 스스로를 감싸 안고, 서로가 서로를 감싸 안으며, 신까지 감싸 안을 것입니다.*

And think not you can direct the course of love, for love, if it finds you worthy, directs your course.

당신이 사랑의 길을 지시할 수 있으리라 생각하지 마십시오, 왜냐하면 당신의 가치를 알게 되면 사랑이 당신의 길을 가리킬 것입니다.*

만다라 지혜노트

Day 43

그렇다면 사랑으로 일한다는 것은 무슨 뜻입니까.

사랑하는 이에게 입힌다는 마음으로, 그대 가슴 속에서 실을 뽑아 옷을 짜는 것입니다.

사랑하는 이에게 살 집을 마련해 준다는 마음으로, 따뜻한 손길로 집을 짓는 것입니다.

사랑하는 이에게 열매를 먹인다는 마음으로, 정성 들여 씨를 뿌리고 그 결실을 기쁜 마음으로 거두어들이는 것입니다.

또 이는 그대들이 만든 사물 하나하나에 영혼의 숨결을 불어넣는 것이자, 축복받으며 죽은 자들이 그대들 주위에 서서 지켜보고 있음을 깨닫는 것입니다.*

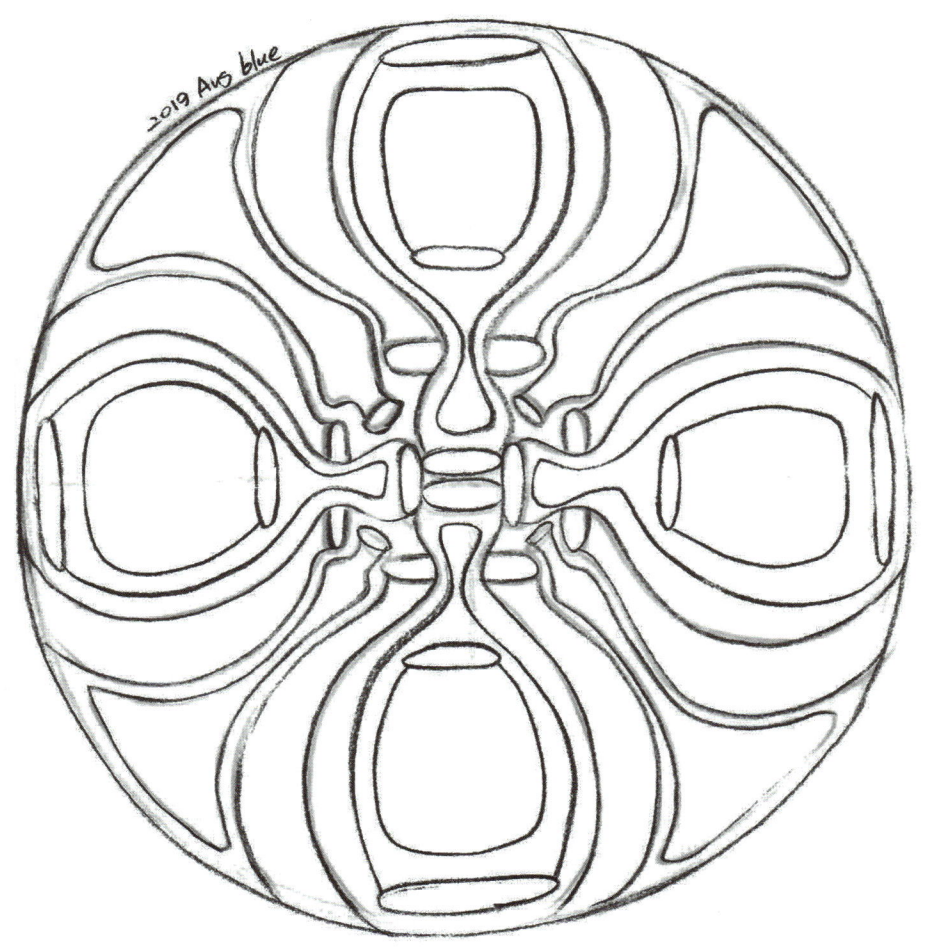

To wake at dawn with a winged heart and give thanks for another day of loving.

새벽에 날개 달린 가슴으로 깨어나 사랑할 또 다른 하루를 위한 감사를 주기를.*

만다라 지혜노트

Day 44

일이란 우리 눈앞에 모습을 드러낸 사랑입니다.

만일 그대들이 사랑으로 일하지 못하고 미움이 가득한 마음으로 일한다면, 차라리 일손을 놓고 사원의 문 앞에 앉아 기쁘게 일하는 사람의 자선을 구하는 편이 나을 것입니다.

그대들이 무관심한 태도로 빵을 굽는다면, 먹는 이의 허기를 반밖에 채우지 못하는 쓰디쓴 빵을 만들 것입니다.

그대들이 천사처럼 노래한다 하여도 사랑하는 마음으로 노래하지 않는다면, 그 노래를 듣는 이의 귀를 멀게 하여 낮의 소리와 밤의 소리를 듣지 못하게 할 것입니다.*

To rest at the noon hour and meditate love's ecstasy;
정오의 시간에 쉬면서 사랑의 환희를 명상하기를.*

만다라 지혜노트

Day 45

그대들의 기쁨은 가면을 벗은 슬픔입니다. 그대들의 웃음이 피어오르는 우물은 때로 그대들의 슬픔으로 가득 차 있습니다.

어찌 그렇지 않을 수 있겠습니까. 슬픔이 그대들 안에 깊이 새겨진다면, 그대들은 그보다 더 큰 기쁨을 맛볼 것입니다.

그대들의 포도주가 담긴 잔은 도공의 가마 속에서 뜨겁게 타올랐던 바로 그 잔이 아닙니까.

그대들의 영혼을 부드럽게 달래는 기타는 칼로 속을 파냈던 바로 그 나무가 아닙니까.

그대들이 기쁠 때 마음속 깊은 곳을 들여다보십시오.

그대들에게 슬픔을 주었던 그것이 지금은 기쁨을 주고 있음을 깨달을 것입니다.*

To return home at eventide with gratitude;
저녁이면 감사의 마음으로 집으로 돌아오기를.*

만다라 지혜노트

Day 46

그대들이 도시 안에 집을 짓기 전에, 먼저 거친 들판에 자신이 상상한 것들로 나무집을 지으십시오.

그대들이 땅거미 질 무렵 집으로 돌아오듯이, 그대들 안의 방랑자도, 먼 곳에서 홀로 떠도는 나그네도 되돌아올 수 있도록.

그대들의 집은 그대들보다 더 큰 몸입니다.

그것은 태양 아래서 자라고 밤의 침묵 속에 잠들며 꿈을 꿉니다.

그대들의 집은 꿈꾸는 존재가 아닙니까.*

And then to sleep with a prayer for the beloved in your heart
and a song of praise upon your lips.

그러고 나서 당신의 마음으로 사랑받는 이를 위해 기도하고 입술로
찬미의 노래를 부르며 잠들기를.*

만다라 지혜노트

Day 47

진실로 편안함에 대한 욕구는 영혼의 열정을 죽이고, 활짝 웃는 얼굴로 장례식에 걸어 들어오는 것입니다.

허나 그대들이 땅에서 뛰노는 아이들이자 잠 속에서도 잠들지 않는 이들이라면, 편안함의 함정에 걸리거나 길들여지지 않을 것입니다.

그대들의 집은 정박하는 닻이 아니라 항해하는 돛대가 될 것입니다.

상처를 덮는 번지르르한 막이 아니라 눈을 지켜주는 눈꺼풀이 될 것입니다.*

Let there be spaces in your togetherness.

당신의 함께 있음에는 당신들 사이에 공간이 있기를.*

만다라 지혜노트

Day 48

그대들은 문으로 들어가기 위해 활짝 편 날개를 접지 않아도 됩니다.

천장에 부딪칠까 머리를 숙일 이유도, 벽이 갑자기 와르르 무너지지 않을까 제대로 숨 쉬지 못할 이유도 없습니다.

그대들은 죽은 자가 산 자를 위해 만든 무덤에 머물지 마십시오. 집이 아무리 웅장하고 호화롭다 하여도, 그대들의 집은 비밀을 간직하는 곳이 되어서도 갈망을 숨기는 곳이 되어서도 안 됩니다.

그대들 안에 있는 무한한 존재는 하늘의 궁전에 머물기 때문입니다. 그곳에서는 아침의 안개는 문으로 여기고, 밤의 노래와 고요는 창문으로 삼습니다.

And let the winds of the heavens dance between you.
그리하여 천국의 바람이 당신들 사이에서 춤출 수 있게 하십시오.*

만다라 지혜노트

Day 49

그대들이 옷차림을 가볍게 하고 살갗을 드러내어 해와 바람을 맞이 할 수 있으면 좋으련만.

삶의 숨결은 햇살 아래 있고 삶의 손길을 바람결에 있기 때문입니다.

잊지 마십시오.

땅은 그대들의 맨발을 어루만질 때 기뻐하고, 바람은 그대들의 머리카락을 휘날리며 장난치고 싶어 한다는 것을.*

Love one another, but make not a bond of love.

서로 사랑하되 사랑의 구속은 만들지 마십시오.*

만다라 지혜노트

Day 50

땅은 그대들에게 열매를 아낌없이 내어 줍니다.

허나 그대들이 두 손을 어떻게 채워야 하는지 안다면 그 열매를 무조건 탐하지 마십시오.

땅이 준 선물을 서로 주고받아야 풍요로움과 만족을 얻을 수 있기 때문입니다.

그 주고받음이 사랑과 배려 속에서 공평하게 이뤄지지 않는다면, 어떤 이는 탐욕에, 어떤 이는 배고픔에 시달릴 것입니다.*

Let it rather be a moving sea between the shores of your souls.
차라리 당신의 영혼의 해안 사이에서 움직이는 바다가 되게 하십시오.*

만다라 지혜노트

Day 51

바다에서, 들판에서, 포도밭에서 땀 흘리는 노동자들이여.

시장에서 베 짜는 자와 그릇을 빚는 자, 향신료를 모으는 자, 그들을 만나거든 땅의 위대한 영혼이 그대들 안에 임하기를 기도하십시오.

그 영혼이 그대들의 저울과 서로의 값어치를 가늠하는 셈을 성스럽게 해 주기를 기원하십시오.

또한 빈손으로 온 자가 거래에 끼어드는 것을 허락하지 마십시오.

이처럼 그대들의 노동을 말로서 사려는 자들에게 이렇게 말해 주십시오.

"우리와 함께 들판에 갑시다. 아니면 우리 형제들과 함께 바다에서 그물을 던져도 좋습니다. 땅과 바다가 우리에게 그랬듯이 그대들에게도 풍요로움을 베풀 것입니다."*

Fill each other's cup but drink not from one cup.

서로의 잔을 채워주십시오, 하지만 한 컵으로 마시지는 마십시오.*

Day 52

시장에서 노래하고 춤추는 자나 피리를 연주하는 자를 만나거든, 이들이 주는 선물도 사도록 하십시오.

이들 역시 열매와 유황을 모으는 자들이니, 이들이 가져온 것이 비록 꿈으로 만들어졌다 하여도 그대들의 영혼에 옷과 음식이 될 것입니다.

그리고 시장을 떠나기 전에 빈손으로 자리를 뜨는 이가 없는지 살펴보십시오.

이 땅의 위대한 영혼은 그대들 하나하나의 욕구가 다 채워질 때까지, 결코 바람 속에 평화로이 잠들지 않을 것입니다.*

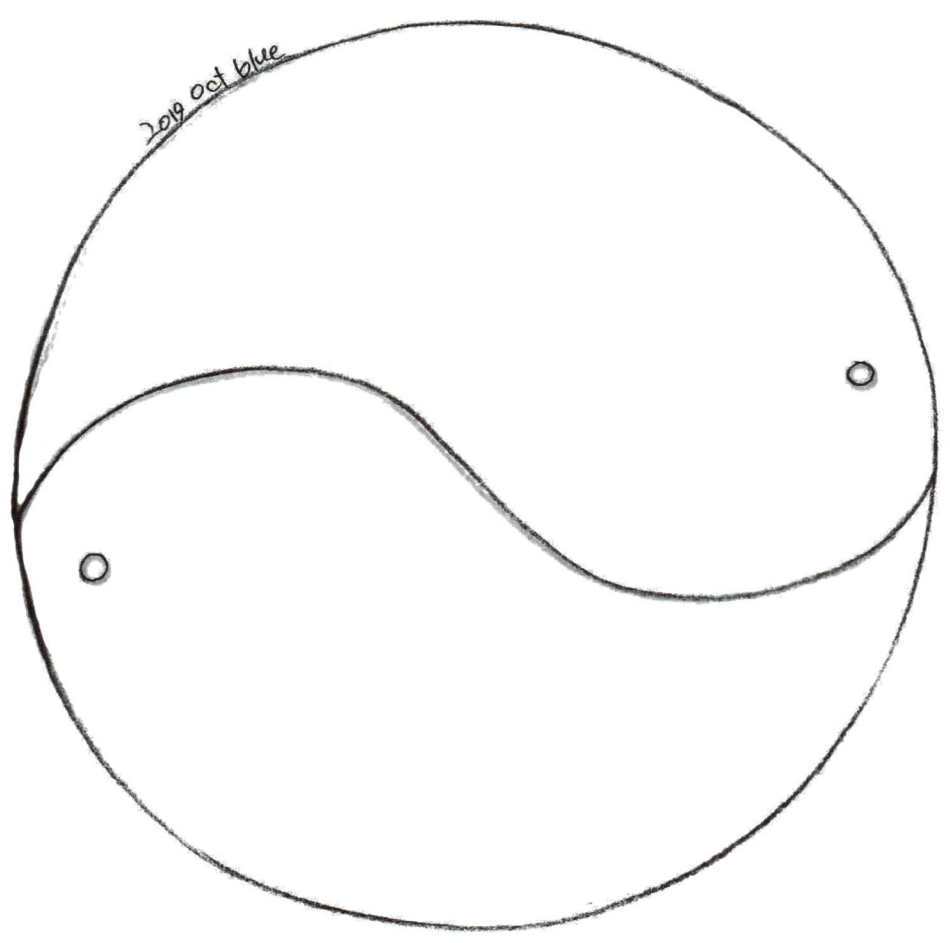

Give one another of your bread but eat not from the same loaf.
당신의 빵을 서로에게 주세요, 하지만 같은 빵으로 먹지는 마십시오.*

만다라 지혜노트

Day 53

그대들의 거룩한 자아는 드넓은 바다와 같으니, 영원히 더럽혀지지 않는 것.

그것은 높은 하늘처럼 날개가 있는 것만을 들어 올립니다.

그대들의 거룩한 자아는 태양과도 같으니, 두더지가 다니는 길은 알지 못하며 뱀처럼 구멍을 찾지도 않습니다.

허나 이 거룩한 자아는 그대들 안에 홀로 머무르지 않습니다.

그대들 안의 많은 부분은 여전히 인간의 모습을 하고 있으며, 아직도 많은 부분은 인간이 되지 못하고 있습니다.

그저 보잘것없는 난쟁이처럼 잠 속에서 안개를 헤치고 다니며 스스로 깨어날 때를 기다릴 뿐.*

Sing and dance together and be joyous, but let each one of you be alone.

함께 노래하고 춤추며 즐거워하십시오. 하지만 당신들 각자 혼자이게 하십시오.*

만다라 지혜노트

Day 54

간혹 나는 그대들이 이렇게 말하는 것을 듣습니다.

잘못을 범한 자는 그대들 가운데 한 사람이 아니라, 그대들에게 나타난 이방인이자 그대들 세상에 끼어든 침입자라고.

허나 그대들에게 말하노니, 아무리 의로운 성자라 하여도 그대들 하나하나 안에 있는 고귀한 존재를 뛰어넘을 수 없습니다.

또 아무리 나약한 악인이라 하여도, 그대들 안에 있는 천한 존재보다 더 타락할 수는 없습니다.

잎사귀 하나라도 온 나무에 대한 '이해' 없이는 노랗게 물들지 못하듯이, 그대들 안에 숨겨진 '의지'가 없다면 잘못을 행하는 자는 악행을 저지를 수 없습니다.*

Even as the strings of a lute are alone though they quiver with the same music.

비록 그들은 같은 음악에 떨리지만 류트의 현은 각각 혼자인 것처럼.*

만다라 지혜노트

Day 55

그러니 그대들의 가슴을 무겁게 짓누를지라도, 다음의 말 또한 가슴에 새기십시오.

살해당한 자는 자신의 죽음에 책임이 없지 않으며, 도둑맞은 자는 도둑당한 것에 잘못이 없지 않습니다.

의로운 자는 악인의 행동에 허물이 없지 않으며, 결백한 자는 죄인의 범죄에 죄가 없지 않습니다.

그렇습니다! 죄인은 때로 상처받은 희생자이며, 사형수도 죄 없는 자와 비난할 것이 없는 자의 짐을 짊어지기도 합니다.

그대들은 정의로운 자와 정의롭지 않은 자를 나눌 수 없으며, 선한 자와 악한 자를 나눌 수 없습니다.

검은 실과 하얀 실이 한데 짜여 있듯이, 그대들은 하나같이 태양의 얼굴 앞에 서 있기 때문입니다.*

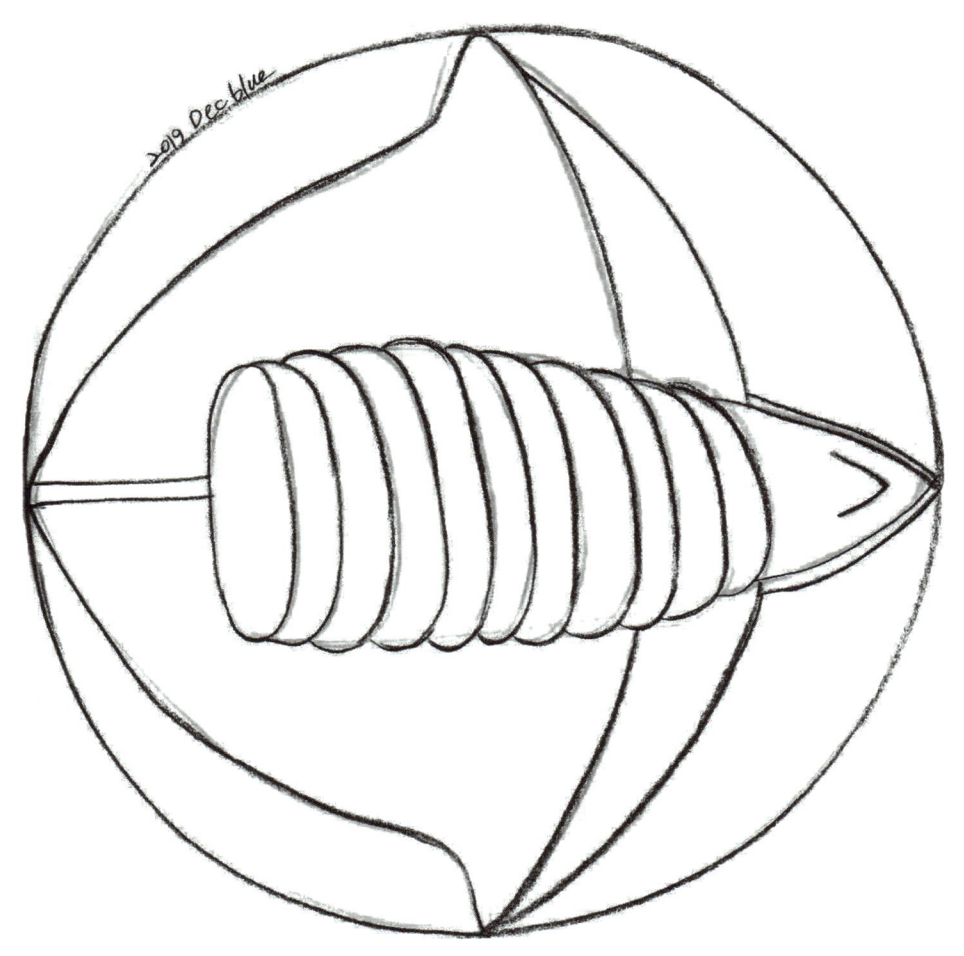

Stand together yet not too near together:
함께 서 있되 서로 너무 가까이 있지는 마십시오.*

만다라 지혜노트

Day 56

검은 실이 끊어진다면, 베 짜는 직공은 옷감 전부를 들여다보아야 하며 베틀 또한 살펴야 합니다.

그대들 가운데 누가 부정한 아내를 심판하려거든, 남편의 마음 또한 저울에 달고 그 영혼도 자로 재십시오.

죄인을 채찍질하려거든, 먼저 죄인에게 상처 입은 자의 영혼을 살피십시오.

그대들 가운데 누군가 정의의 이름으로 벌을 내리고 악의 나무를 도끼로 내리치려거든, 먼저 그 나무의 뿌리를 들여다보십시오.

진실로 선과 악의 뿌리, 풍요로움과 척박함의 뿌리가 흙의 고요한 가슴 속에 한데 뒤섞여 있음을 알게 될 것입니다.*

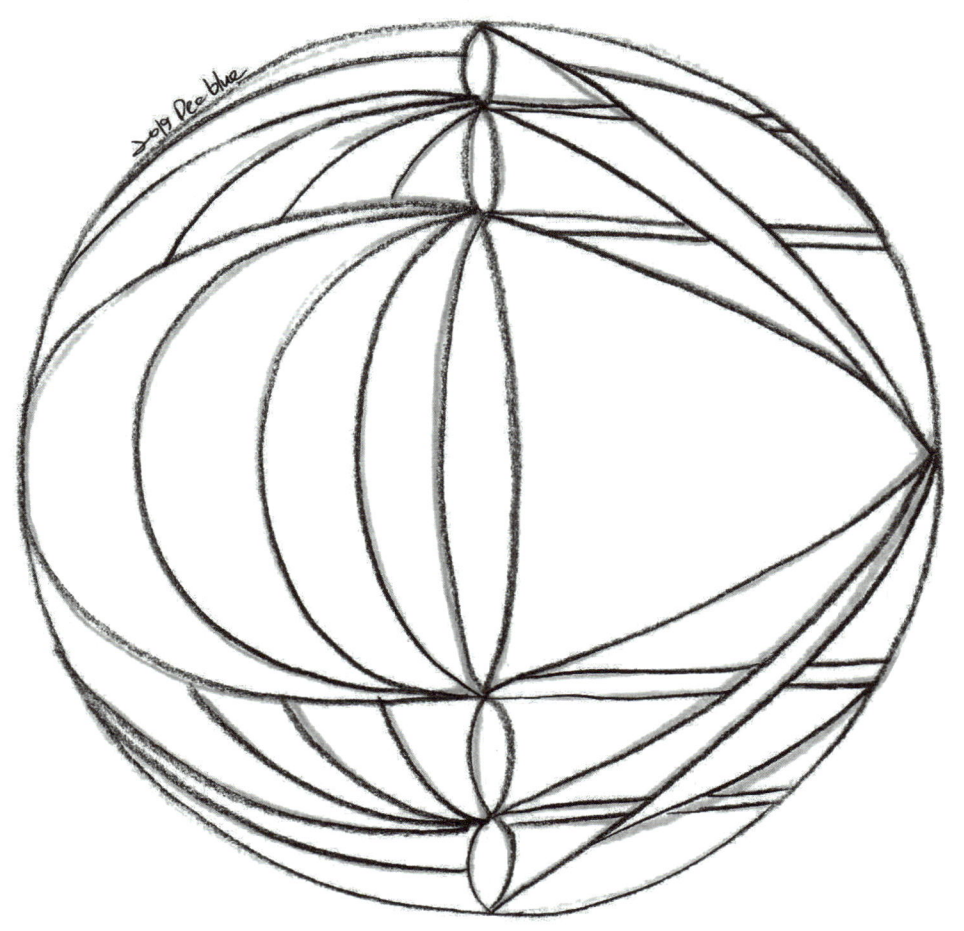

For the pillars of the temple stand apart, and the oak tree and cypress grow not in each other's shadow.

왜냐하면 사원의 기둥들도 떨어져 서 있고, 참나무와 삼나무도 서로의 그늘 안에서는 자랄 수 없기 때문입니다.*

만다라 지혜노트

Day 57

그대들이 벗어 버리려는 것이 근심이라면, 그 근심은 그대들에게 떠맡겨진 것이 아니라 그대들 스스로 선택한 것입니다.

그대들이 떨쳐 버리려는 것이 공포라면, 그 공포는 두려워하는 자의 손아귀에 있는 것이 아니라 그대들 마음속에 자리 잡고 있습니다.

진실로 만물이 그대들 안에 반쯤 뒤엉켜 있으니 그대들이 욕망하는 것과 두려워하는 것, 혐오하는 것, 아끼는 것, 추구하는 것, 달아나려하는 것은 끊임없이 움직이고 있습니다.

그대들 안에서 움직이는 이것들은 마치 한 쌍의 빛과 그림자처럼 서로 달라붙어 꿈틀거립니다.*

Your children are not your children. They are the sons and daughters of Life's longing for itself.

당신의 아이들은 당신의 아이들이 아닙니다. 그들은 스스로를 갈망하는 생명의 아들딸입니다.*

만다라 지혜노트

Day 58

그대들의 이성과 열정은 바다를 항해하는 영혼의 방향타와 돛입니다. 방향타나 돛이 부러진다면, 그대들은 내던져진 채 떠돌거나 바다 한가운데 꼼짝없이 멈춰 있어야 할 것입니다.

왜냐하면 이성은 홀로 다스리기에는 한계가 있는 힘이며, 열정은 주의를 기울이지 않으면 스스로를 불살라 파괴하는 불꽃이기 때문입니다.

그러니 그대들의 영혼으로 하여금 이성을 열정의 높이까지 날아오르게 하십시오. 그리고 열정을 이성의 힘으로 이끌게 하십시오. 마치 불사조가 스스로를 불사른 잿더미 속에서 다시 일어나는 것처럼 그대들이 열정이 날마다 되살아날 수 있도록.*

They come through you but not from you, and though they are with you yet they belong not to you.

그들은 당신을 통하여 왔지만 당신으로부터 온 것이 아닙니다. 비록 그들이 당신과 함께 있지만 그들은 결코 당신의 소유가 아닙니다.*

Day 59

내 그대들에게 바라노니, 판단력과 욕망을 집에 초대한 소중한 손님처럼 여기십시오.

마땅히 그대들은 한 손님을 다른 손님보다 더 귀하게 대접해서는 안 될 것입니다.

한 손님에만 신경을 쓰다 보면 두 손님의 사랑과 믿음을 모두 잃을 것이기 때문입니다.

그대들이 언덕 위 하얀 버드나무의 시원한 그늘 아래 앉아, 멀리 있는 들판과 초원의 평화로움과 고요함을 맛볼 때면, 마음속으로 조용히 말하십시오.

"신께서 이성 안에 머무르신다."

허나 폭풍이 몰려오고 거센 바람이 숲을 흔들며 천둥 번개가 하늘의 장엄함을 외칠 때면, 두려운 마음으로 말하십시오.

"신께서 열정으로 움직이신다."

그러면 그대들은 신의 세계에서 한 숨결이며, 신의 숲 속에서 한 이파리이니, 신과 마찬가지로 이성 안에 머무르며 열정으로 움직이게 될 것입니다.*

You may give them your love but not your thoughts, for they have their own thoughts.

당신은 아이들에게 당신의 사랑을 줄 수는 있지만 당신의 생각을 줄 수는 없습니다. 왜냐하면 그들은 그들 자신만의 생각을 가지고 있기 때문입니다.*

만다라 지혜노트

Day 60

그대들의 고통이란 깨달음을 둘러싸고 있는 껍질이 부서지는 것과 같습니다.

과일의 씨가 햇빛을 보려면 부서져야 하듯이, 그대들도 고통을 맛보아야 합니다.

그대들이 경이에 찬 눈으로 날마다 일어나는 삶의 기적을 본다면, 고통도 기쁨 못지않게 경이로운 마음으로 받아들이게 될 것입니다.

그대들이 들판 위로 지나가는 계절을 견디었듯이, 그대들 마음속에 지나가는 계절도 견딜 것입니다.

그러면 슬픔의 겨울도 고요한 마음으로 바라보게 될 것입니다.*

You may house their bodies but not their souls, for their souls dwell in the house of tomorrow, which you cannot visit, not even in your dreams.

당신은 아이들의 몸을 위한 거처는 줄 수 있어도 영혼을 위한 거처는 줄 수 없습니다. 왜냐하면 그들의 영혼은 내일의 집에 머물기 때문이며 그곳은 당신의 꿈에서조차 방문할 수 없는 곳이기 때문입니다.*

만다라 지혜노트

Day 61

그대들 고통의 대부분은 스스로 선택한 것입니다.

그대들 안의 의사가 아픈 자아를 치유하기 위해 지어 준 쓴 약입니다.

허니 의사를 믿고, 그가 준 약을 묵묵히 침착하게 받아 마십시오.

그의 손이 아무리 무겁고 거칠다 하여도, 그 손은 보이지 않는 그분의 손길이 인도한 것입니다.

그가 내준 잔이 아무리 그대들 입술을 불타게 하여도, 그 잔은 도공이 자신의 성스러운 눈물로 적시고 흙으로 빚은 것입니다.*

You may strive to be like them, but seek not to make them like you, for life goes not backward nor tarries with yesterday.

당신은 아이들과 같이 있기 위해 애쓸 수는 있지만 당신처럼 그들을 만들려고 하지는 마십시오. 왜냐하면 삶이란 뒤로 가는 것도 아니고 어제와 함께 머무르는 것도 아니기 때문입니다.*

만다라 지혜노트

Day 62

그대들의 마음은 무언중에 낮과 밤의 비밀을 알고 있습니다.
허나 그대들의 귀는 마음속의 지혜를 소리로 듣고자 합니다.
그대들은 이미 생각으로 아는 것을 말로 이해하려 합니다.
그대들은 꿈의 벌거벗은 몸을 손가락으로 만지려 합니다.
또 그대들은 마땅히 그리해야 합니다.
그대들 영혼 속에 숨어 있는 샘물은 반드시 솟아올라 바다로 졸졸 흘러야 하며, 그대들 안의 무한히 깊은 곳에 있는 보물은 그대들 눈앞에 모습을 드러내야 합니다.
허나 그대들은 그 미지의 보물을 저울에 달려 하지 마십시오.
그대들 지식의 깊이도 지팡이나 줄로 헤아리려 하지 마십시오. 자아란 헤아릴 수 없는 드넓은 바다이기 때문입니다.*

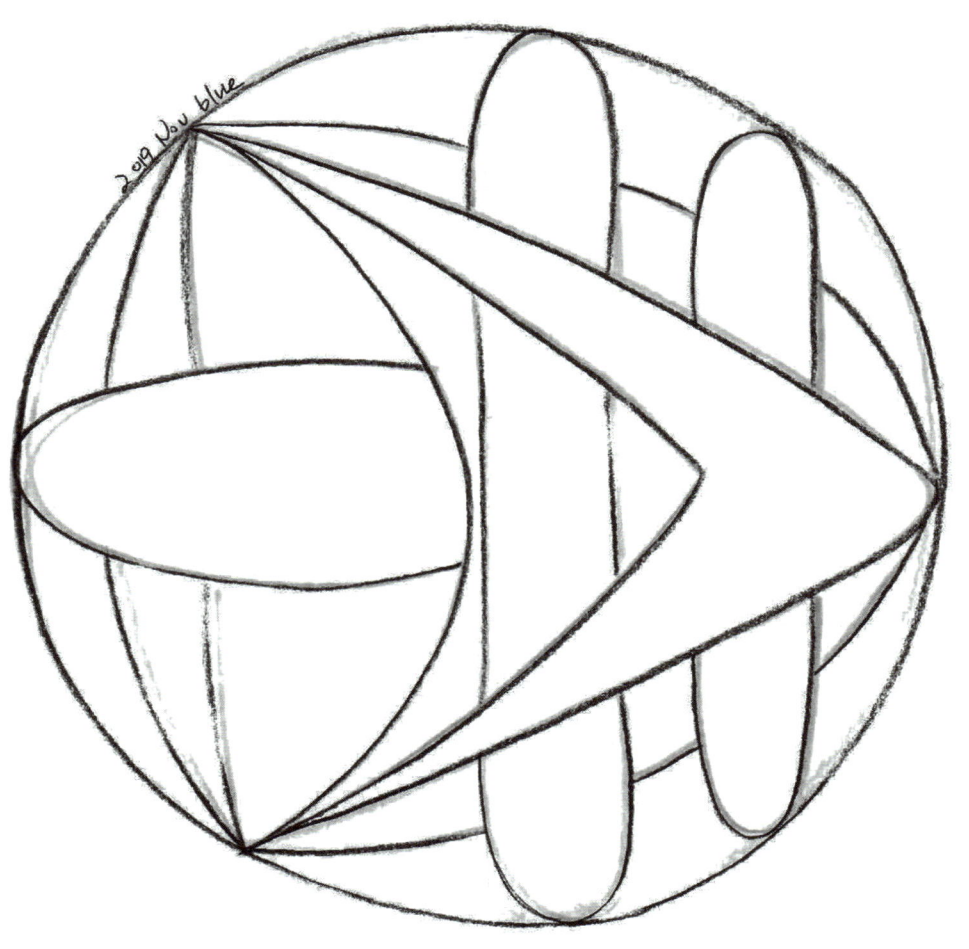

You are the bows from which your children as living arrows
are sent forth.

당신은 당신의 아이들이 살아 있는 화살처럼 앞으로 나아가게 하는 활입니다.*

만다라 지혜노트

Day 63

"진실을 다 찾았다." 하지 말고, "겨우 한 조각의 진실을 찾았다."라고 하십시오.

"영혼의 길을 찾았다." 하지 말고, "내 길에서 걷고 있는 영혼을 만났다."라고 하십시오.

영혼은 세상의 모든 길을 걷기 때문입니다.

영혼은 한길만 따라 걷는 것도, 갈대처럼 무성히 자라나는 것도 아닙니다.

수많은 꽃잎이 달린 연꽃처럼 스스로 펼쳐 보이는 것입니다.*

The archer sees the mark upon the path of the infinite, and He bends you with His might that His arrows may go swift and far.

궁수는 무한의 길 위에서 표적을 바라보며 그의 무한한 힘으로 그의 화살이 빠르게 그리고 멀리 나아가도록 당신을 구부립니다.*

만다라 지혜노트

Day 64

천문학자가 우주에 대한 깨달음을 말해 준다 해도, 자신에 대한 깨달음을 나누어 주지는 못합니다.

음악가가 온 우주의 리듬을 노래로 부른다 하여도, 그 리듬을 듣는 귀도, 그것을 울려 퍼지게 하는 목소리도 나누어 주지 못합니다.

숫자의 과학을 꿰뚫고 있는 자가 무게나 단위의 세계를 말해 준다 하여도, 그곳으로 그대를 데려다 주지는 못합니다.

한 사람이 가진 상상의 날개를 다른 이에게 빌려 줄 수 없기 때문입니다. 그대들 각자가 스스로의 힘으로 신을 깨닫고 있듯이, 그대들은 따로따로 신을 깨닫고 따로따로 이 땅을 이해해야 합니다.*

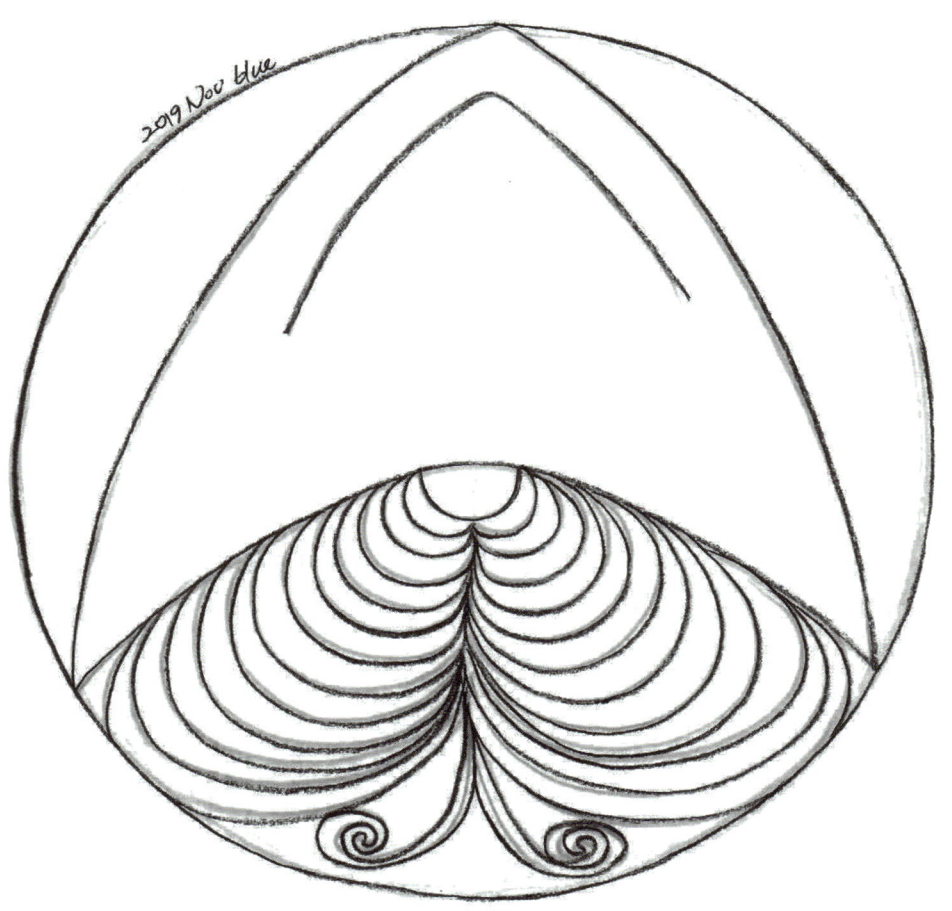

Let your bending in the archer's hand be for gladness; for even as He loves the arrow that flies, so He loves also the bow that is stable.

궁수의 손에서 당신이 구부러지는 것을 기뻐하십시오. 왜냐하면 그가 날아가는 화살을 사랑하는 것과 같이 그는 또한 흔들리지 않는 활도 사랑하기 때문입니다.*

만다라 지혜노트

Day 65

친구는 그대들의 소망을 채워 주는 존재입니다.

그는 그대들이 사랑으로 씨를 뿌려 추수감사절에 거두어들이는 들판입니다.

그는 그대들의 식탁이자 그대들의 따뜻한 집입니다.

그대들은 배고플 때 그를 찾고 그에게서 평화를 얻기 때문입니다.

그가 속마음을 털어놓을 때 그대들은 진심으로 "아니다"라고 말하는 것을 두려워하지 말며, "그렇다"라는 말도 억누르지 마십시오.

그가 침묵할 때에도 그대들의 마음은 그의 마음에 계속 귀 기울이도록 하십시오.

말이 없어도 우정 안에서는 모든 생각과 모든 욕망, 모든 기대를 기쁜 마음으로 품고 나누는 것입니다.*

You give but little when you give of your possession. It is
when you give of yourself what you truly give.

당신이 당신의 소유를 줄 때는 주지만 아주 조금 주는 것입니다. 당신이
진정으로 주는 것은 당신 자신을 줄 때입니다.*

만다라 지혜노트

Day 66

우정을 나눌 때에는 영혼을 깊이 하는 것 외에 다른 목적을 두지 마십시오.
자신의 신비를 드러내는 것 외에 다른 무엇을 찾는 사랑은 사랑이 아니라, 함부로 내던진 그물에 불과합니다.
그 그물에는 쓸데없는 것만 걸릴 뿐.
그러니 그대는 친구를 위해 최선을 다하십시오.
그가 그대들의 물결이 빠져나가는 때를 알고 있다면, 그대들의 물결이 흘러넘치는 때도 알려 주십시오.
시간을 적당히 때우기 위해 친구를 찾는다면 그 친구가 무슨 소용이 있겠습니까.
언제나 시간을 활기차게 보내기 위해 친구를 찾으십시오.
친구는 그대의 공허함을 채우는 존재가 아니라, 그대들의 부족함을 채우기 위한 존재가 되어야 합니다.*

There are those who give with joy, and that joy is their reward.

기쁨으로 주는 사람들이 있습니다. 그 기쁨이 바로 그들의 보상입니다.*

만다라 지혜노트

Day 67

그대들은 가만히 생각하지 못할 때 말을 합니다.

그리고 마음의 고독을 더 이상 견디지 못할 때 입을 엽니다.

그때 말소리는 기분 전환이자 소일거리에 불과합니다.

말이 많아지면 생각의 반은 죽게 됩니다.

생각이란 하늘을 나는 새와 같아서, 말의 감옥 속에서 날개를 펼 수 있을지 몰라도 날아오르지는 못하기 때문입니다.

그대들 가운데 어떤 이는 홀로 있기가 두려워 수다스러운 이야기꾼을 찾습니다.

이들은 고독한 침묵이 벌거벗은 몸뚱이를 드러내면 도망치려는 것입니다.

어떤 이는 자신이 이해하지 못하는 진실을 아무 지식 없이 닥치는 대로 떠듭니다.

There are those who give with pain, and that pain is their baptism.

고통스런 마음으로 주는 사람들이 있습니다. 그 고통이 바로 그들의 세례입니다.*

Day 68

그대가 길거리에서나 시장에서 친구를 만나거든, 그대 안의 영혼이 입술을 움직이고 혀를 굴리게 하십시오.
그대 내면의 목소리가 그의 내면의 귀에 속삭이도록 하십시오.
그의 영혼은 그대들 마음의 진실을 영원히 간직할 것입니다.
마치 포도주의 빛깔은 지워지고 포도주를 담은 잔이 더 이상 기억되지 않는다 하여도 그 맛은 절대 잊지 못하는 것처럼.

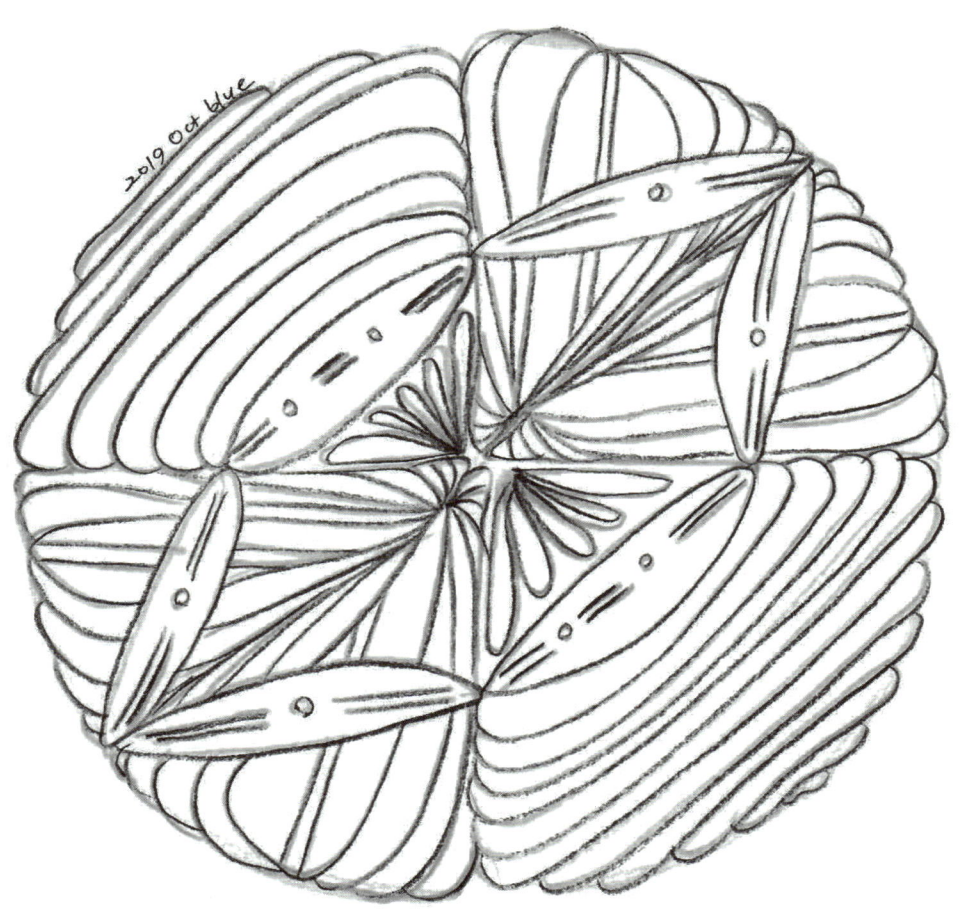

It is well to give when asked, but it is better to give unasked,
through understanding;

요청받을 때 주는 것은 좋은 일입니다. 하지만 요청받지 않았을 때
이해를 통하여 주는 것은 더 좋은 일입니다.*

만다라 지혜노트

Chapter 03
Wisdom

지혜

그대들은 괴로울 때나 소원이 있을 때 기도합니다.
허나 기쁨으로 충만할 때나 넉넉한 나날을 누릴 때도
기도하도록 하십시오. 기도란 그대들의 자아를 생동하는
하늘 속에 활짝 펼치는 것이 아닙니까.
그대들은 어둠을 허공에 쏟기 위해 위안의 기도를 올립니다.
그와 마찬가지로 가슴속 새벽빛을 쏟아 내기 위해
기쁨의 기도를 올리십시오.
그대들이 영혼의 명으로 기도할 때 하염없이 울 수밖에
없다면, 그 영혼은 그대들의 눈물을 쥐어 짜내고
또 짜내어 결국 그대들을 웃게 할 것입니다.*

Day 69

그대들은 헤아릴 수 없는 무한한 시간을 감히 헤아리려 합니다.

시간과 계절의 변화에 따라 그대들의 행동을 맞추고, 그대들의 영혼이 갈 길마저 정하려 합니다.

시간을 강물로 만들고, 바로 위 강둑에 앉아 그 물이 흐르는 모습을 보려는 것입니다.

그대들 안에서 시간을 초월한 존재는 삶이 시간을 넘어서는 것임을 압니다.

어제는 오늘의 기억일 뿐이며, 내일은 오늘의 꿈이라는 것도 압니다.

또 그대들 안에서 노래하고 명상하는 존재는 별들이 우주 공간에 흩뿌려지던 첫 순간, 그 속에 여전히 머물고 있습니다.*

And to the open-handed the search for one who shall receive
is joy greater than giving.

그리고 마음이 후한 사람에게 받을 사람을 찾는 기쁨은 주는 것보다 더 큰 기쁨이 됩니다.*

만다라 지혜노트

Day 70

나는 그대들 안에 있는 선을 말할 수 있을 뿐 악은 말할 수 없습니다. 악이란 바로 스스로의 굶주림과 목마름으로 괴로워하는 선이 아니겠습니까.

진정 선이 굶주리고 있다면 어두운 동굴에서라도 먹을 것을 찾고 선이 목마르다면 썩은 물이라도 들이킬 것입니다.

그대들은 그대 자신과 하나일 때 선합니다.

허나 그대들 자신과 하나이지 못한다 해도 그대들이 악한 것은 아닙니다. 방향타 없는 배가 섬들 사이를 정처 없이 위태위태하게 떠돈다고 해서 바다 밑으로 가라앉지는 않습니다.*

All you have shall some day be given; therefore give now.

당신이 가진 모든 것은 언젠가는 내주어야 합니다, 그러니 지금 주십시오.*

만다라 지혜노트

Day 71

그대들은 괴로울 때나 소원이 있을 때 기도합니다.

허나 기쁨으로 충만할 때나 넉넉한 나날을 누릴 때도 기도하도록 하십시오.

기도란 그대들의 자아를 생동하는 하늘 속에 활짝 펼치는 것이 아닙니까.

그대들은 어둠을 허공에 쏟기 위해 위안의 기도를 올립니다.

그와 마찬가지로 가슴속 새벽빛을 쏟아 내기 위해 기쁨의 기도를 올리십시오.

그대들이 영혼의 명으로 기도할 때 하염없이 울 수밖에 없다면, 그 영혼은 그대들의 눈물을 쥐어 짜내고 또 짜내어 결국 그대들을 웃게 할 것입니다.*

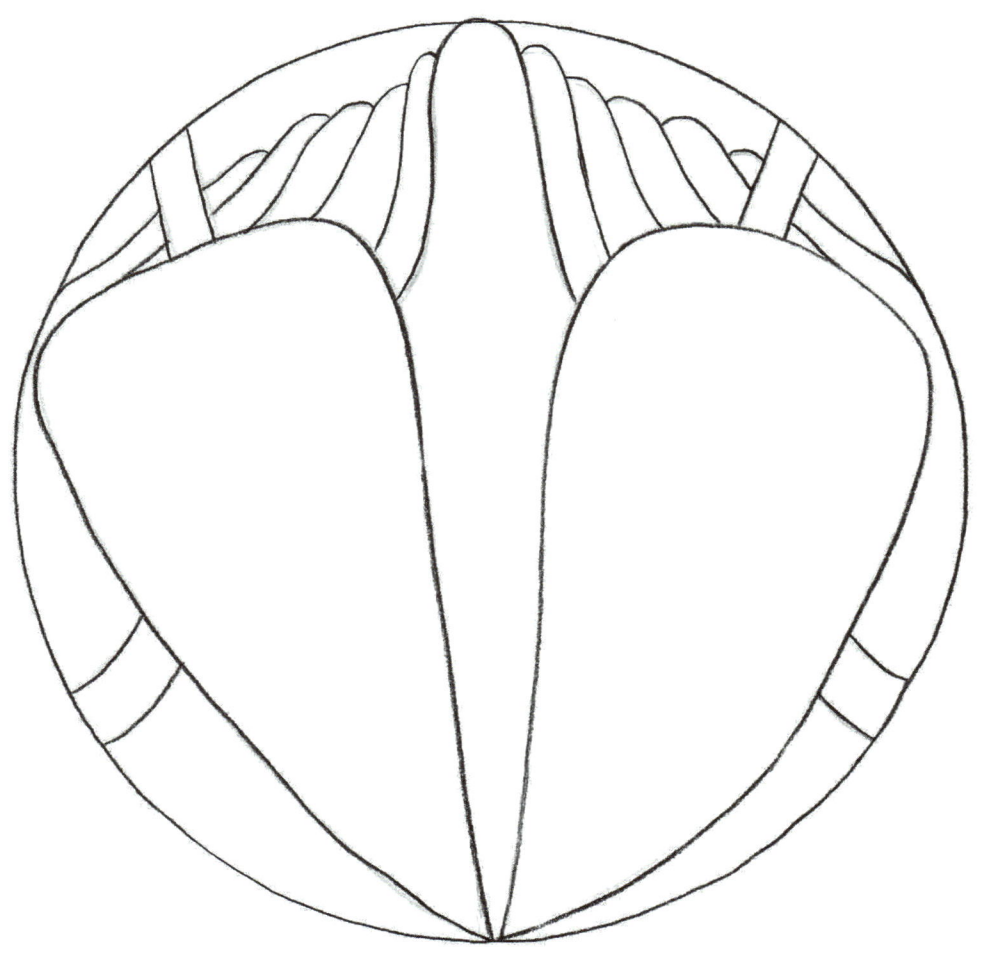

See first that you yourself deserve to be a giver, and an instrument of giving.

먼저 당신 자신이 주는 자가 될 자격이 있는지, 주는 도구가 될 자격이 있는지 살펴보십시오.*

만다라 지혜노트

Day 72

기도할 때 그대들은 공중으로 솟아올라 때마침 기도하고 있는 이들을 만날 것입니다. 기도가 아니라면 만날 수 없는 이들을.

그러니 그대들이 보이지 않는 사원을 찾는다면, 황홀한 마음으로 달콤한 만남을 마음껏 누리십시오.

그대들이 그저 구하기 위해 사원에 들어간다 할지라도, 아무것도 얻지 못할 것입니다.

나는 그대들에게 어떤 말로 기도할지 가르쳐줄 수 없습니다.

나는 그대들에게 산과 숲과 바다의 기도를 가르쳐줄 수도 없습니다.

허나 그대들은 산과 숲과 바다에서 태어났으니 이들의 기도를 가슴속에서 찾을 것입니다.

For in truth it is life that gives unto life-while you, who deem yourself a giver, are but a witness.

진실로 생명에게 주는 것은 생명뿐입니다. 반면에 자신을 주는 자라고 생각하는 당신은 단지 목격자일 뿐입니다.*

만다라 지혜노트

Day 73

또 그대들이 밤의 고요에 온전히 귀 기울이기만 한다면, 이들이 이렇게 가만히 속삭이는 소리를 들을 것입니다.

"우리의 신이시여, 날개 달린 우리의 자아여.

우리 안에 돋아난 뜻은 곧 당신의 뜻입니다. 우리 안에 돋아난 소망은 곧 당신의 소망입니다. 우리 안에 숨 쉬는 당신의 욕망은, 당신 것인 우리의 밤을, 역시 당신 것인 우리의 낮으로 바꾸어 놓습니다.

우리는 당신에게 아무것도 구할 수 없습니다. 당신은 우리 안에서 욕구가 생기기도 전에 이미 다 아시기 때문입니다. 당신이 곧 우리가 채우려는 욕구입니다."*

And in keeping yourself with labour you are in truth loving life, and to love life through labour is to be intimate with life's inmost secret.

노동으로 당신 자신을 지킬 때 진실로 당신은 당신의 삶을 사랑하는 것이며 노동을 통하여 삶을 사랑하는 것만이 생명의 가장 깊은 진실과 만날 수 있습니다.*

만다라 지혜노트

Day 74

즐거움은 자유의 노래, 허나 자유는 아닙니다.

즐거움은 그대들의 소망이 꽃을 피운 것, 허나 소망이 맺은 열매는 아닙니다.

즐거움은 높은 산꼭대기를 향해 외치는 깊은 골짜기, 허나 높은 것도 깊은 것도 아닙니다.

즐거움은 날개가 있으나 갇혀있는 것, 허나 사방이 막혀 있는 공간은 아닙니다.

그렇습니다.

진실로 즐거움은 자유의 노래인 것입니다.

그러니 나는 기꺼이 그대들이 마음을 다해 그 노래를 불렀으면 합니다.*

Work is love made visible.

일이란 눈으로 드러난 사랑입니다.*

Day 75

그대들 가운데 어떤 이는 즐거움이 전부인 것처럼 추구하다가 비판을 받고 질책을 받습니다.

허나 나는 이들을 비판하거나 질책하지 않겠습니다.

오히려 즐거움을 추구하도록 이들을 격려하겠습니다.

이들이 즐거움을 찾더라도 즐거움 하나만을 얻지는 않을 것이기 때문입니다.

즐거움은 일곱 자매를 두었는데, 그 중 가장 어린 자매도 즐거움보다는 아름답습니다.

정녕 그대들은 듣지 못했습니까.

뿌리를 캐다가 땅속에서 보물을 발견한 사람의 이야기를.*

The deeper that sorrow carves into your being, the more joy you can contain.

슬픔이 당신의 존재 속으로 깊이 새겨질수록, 더 많은 기쁨을 당신은 담을 수 있습니다.*

만다라 지혜노트

Day 76

때로 그대들은 스스로 즐거움을 거부하면서도 그대들 존재 한구석에 소망을 묻어둡니다.

허나 그 누가 알겠습니까.

오늘 흘려버린 그것이 내일을 기약하고 있을지를.

그대들의 몸은 그대들 영혼의 하프.

그 하프에서 감미로운 음악을 뽑아낼지 혼탁한 소리를 낼지는 그대들에게 달려 있습니다.

그대들의 들판과 정원으로 가십시오.

그러면 꽃에서 꿀을 모으는 것이 벌의 즐거움이며, 벌에게 꿀을 내 주는 것 또한 꽃의 즐거움임을 깨달을 것입니다.

벌에게 꽃은 생명의 샘이며, 꽃에게 벌은 사랑의 전령이기 때문입니다.*

Your house is your larger body.

당신들의 집은 당신들의 더 큰 몸입니다.*

만다라 지혜노트

Day 77

그대들은 어디에서 아름다움을 구하며, 어떻게 아름다움을 찾겠습니까.

아름다움이 스스로 그대들의 갈 길이 되고 그대들의 안내자가 되어 주지 않는다면.

그대들이 어떻게 아름다움에 대해 논할 수 있겠습니까.

아름다움이 그대들의 말을 엮어주지 않는다면.

아름다움이란 욕구가 아니라 황홀한 기쁨입니다.

그것은 목마른 입도, 앞으로 내민 빈손도 아닙니다.

오히려 불타는 가슴이자 마법에 걸린 영혼인 것입니다.

아름다움은 그대들이 보았던 영상도, 즐겨 듣던 노래도 아닙니다.

오히려 눈을 감아도 보이는 영상이자, 귀를 막아도 들리는 노래인 것입니다.*

Your house shall be not an anchor but a mast.

당신들의 집이 닻이 아니라 돛이 되게 하십시오.*

Day 78

아름다움은 주름진 나무껍질 안에 흐르는 수액도, 발톱에 붙은 날개도 아닙니다. 오히려 늘 꽃이 피어 있는 정원이자, 늘 날고 있는 천사의 무리인 것입니다.

아름다움이란 생명, 즉 생명이 그 거룩한 얼굴에 드리운 장막을 걷어 낸 모습입니다.

허나 그대들이 그 생명이자 장막이기도 합니다.

아름다움이란 거울 속 제 자신을 들여다보고 있는 영원.

허나 그대들이 이 영원이자 거울이기도 합니다.*

Your house shall not be a glistening film that covers a wound,
but an eyelid that guards the eye.

당신들의 집이 상처를 가리는 화려한 덮개가 아니라 눈을 보호하는
눈꺼풀이 되게 하십시오.*

만다라 지혜노트

Day 79

종교란 모든 행위이자 모든 생각이 아닙니까.

행동도 생각도 아니라면, 종교는 그대들의 손이 돌을 자르거나 베틀을 만지는 순간에도 영혼에서 늘 솟아나는 경탄이자 놀라움이 아닙니까.

그 누가 행동과 믿음을 나누고, 직업과 신념을 나눌 수 있겠습니까.

그 누가 감히 제 시간을 자신의 눈앞에 펼쳐 놓고 이렇게 말할 수 있겠습니까.

"이 시간은 신의 것이며 이 시간은 나의 것. 이 시간은 내 영혼의 것이니 이 시간은 내 몸의 것이 아니겠는가."

그대들의 시간이란 모두 허공을 가르며 이 자아에서 저 자아로 날아가는 날개일 뿐.*

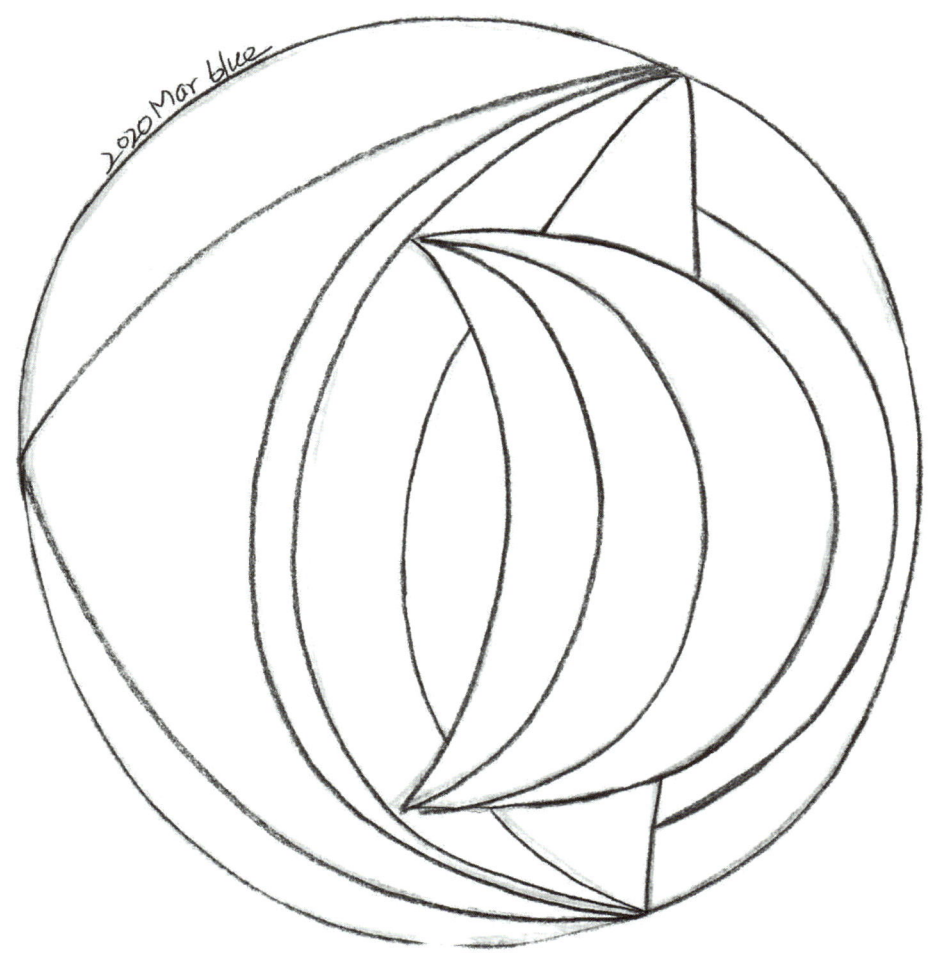

You shall not fold your wings that you may pass through doors, nor bend your heads that they strike not against a ceiling.

문을 통과하기 위해 날개를 접지 마십시오. 또한 천장에 부딪치지 않으려고 머리를 숙이지 마십시오.*

만다라 지혜노트

Day 80

자신의 도덕을 보기 좋은 옷으로만 걸치려는 자는 차라리 벌거벗는 편이 나을 것입니다.
그렇다고 해서 바람이나 태양이 그의 살갗에 구멍을 내지는 않을 것이니.
자신의 행동에 윤리의 잣대를 들이미는 자는 노래하는 새를 새장에 가두는 것입니다.
무릇 자유로운 노래는 창살이나 철조망 사이로는 아니 나오는 법입니다.
열리자마자 곧바로 닫히는 창문처럼 예배를 올리는 이는 영혼의 집을 아직 찾지 못한 사람입니다.
이 새벽에서 저 새벽까지 창이 이어지는 그 집을.*

You shall not dwell in tombs made by the dead for the living.*

당신들은 살아 있는 자들을 위해 죽은 자들에 의해 만들어진 무덤 속에서 살아서는 안 됩니다.*

만다라 지혜노트

Day 81

그대의 일상이야말로 그대들의 사원이자 종교입니다.

그러니 그 속에 들어갈 때마다 그대들 전부를 가지고 들어가십시오. 쟁기와 풀무, 망치, 기타도.

필요에 의해 만든 것도, 기쁨을 얻기 위해 만든 것도.

아무리 상상을 하더라도 그대들은 자신이 이룬 결과보다 더 높이 오를 수도, 자신이 경험한 실패보다 더 낮은 곳으로 내려갈 수도 없기 때문입니다.

And though of magnificence and splendour, your house shall
not hold your secret nor shelter your longing.

비록 당신들의 집이 웅장하고 화려하더라도 당신의 비밀과 갈망을 위한
안식처가 되어주지는 못합니다.*

만다라 지혜노트

Day 82

또 모든 이와 함께 가십시오.

아무리 찬미를 아끼지 않더라도 그대들은 이들의 희망보다 더 높이 날아오를 수도, 이들의 절망보다 스스로를 더 낮출 수도 없기 때문입니다.

그대들이 신에 대해 알고자 한다면, 수수께끼를 풀려고 하지 마십시오. 차라리 자신을 돌아보십시오.

그때야 비로소 그분이 그대 아이들과 함께 노니는 모습을 볼 것입니다.

And forget not that the earth delights to feel your bare feet and the winds long to play with your hair.

대지는 당신의 맨발을 느낄 때 기뻐하고 바람은 당신의 머리카락으로 장난치기를 갈망하고 있음을 잊지 마십시오.*

만다라 지혜노트

Day 83

그리고 하늘을 바라보십시오.

그분이 구름 속을 거닐며 번개로 팔을 뻗은 후에 비와 함께 내려오시는 모습을 볼 것입니다.

그대들은 그분이 꽃 속에서 미소 지으시다가, 높이 날아올라 나무 사이에서 손을 흔드시는 모습을 볼 것입니다.*

And if there come the singers and the dancers and the flute players, -but of their gifts also.

만약 노래하는 이들이나 춤추는 이들, 그리고 플룻을 연주하는 이들이 오거든, 그들의 선물도 또한 사 주십시오.*

Day 84

그대들은 죽음의 비밀을 알고 싶어 합니다.

허나 삶의 마음속에서 죽음을 구하지 않는다면 그 비밀을 어찌 찾을 수 있겠습니까.

밤 안에 갇혀 있는 올빼미는 낮에는 눈이 멀어 빛의 신비를 밝힐 수 없지 않습니까.

정녕 그대들이 죽음의 영혼을 볼 수 있다면, 삶의 몸을 향해서도 마음을 활짝 여십시오.

강과 바다가 하나인 것처럼 삶과 죽음 또한 하나이기 때문입니다.*

For they too are gathers of fruit and frankincense, and that which they bring, though fashioned of dreams, is raiment and food for your soul.

왜냐하면 그들 또한 열매와 향료를 모으는 이들이고, 이들이 가져온 것이 비록 꿈으로 만들어졌지만 당신들의 영혼을 위한 옷과 음식이기 때문입니다.*

만다라 지혜노트

Day 85

그대들의 희망과 소망이 깊이 자리한 곳에는 저 너머 세상에 대한 깨달음도 가만히 누워 있습니다.

그대들의 마음은 눈 속에서 꿈꾸는 씨앗처럼 봄을 꿈꿉니다.

그러니 꿈을 믿으십시오.

꿈속에 영원으로 가는 문이 숨어 있으니.

죽는다는 것은 무엇입니까.

그저 바람 속에 벌거벗고 서 있는 것이자, 태양 아래 몸을 녹이는 것일 뿐.*

But I say that even as the holy and the righteous cannot rise beyond the highest which is in each one of you,

하지만 나는 말합니다. 성스러운 자나 정의로운 자도 당신 각자 속에 있는 가장 높은 곳을 넘어 날아오르지 못하듯이,*

만다라 지혜노트

Day 86

숨이 멈춘다는 것은 무엇입니까.

그저 끊임없이 흐르는 물결에서 벗어나 숨이 자유로워지는 것이자, 날아오르고 부풀어 올라 아무런 장애 없이 신을 찾아가는 것일 뿐.

그대들은 침묵의 강물을 마신 후에야 진정한 노래를 부를 것입니다. 산꼭대기에 이른 후에야 비로소 올라가기 시작할 것입니다. 그대들의 팔다리가 땅의 것이 된 후에야 진실로 춤추게 될 것입니다.*

So the wrong-doer cannot do wrong without the hidden will of you all.

그렇게 잘못을 하는 이도 당신들 모두의 숨겨진 의지 없이는 잘못을 저지를 수 없습니다.*

만다라 지혜노트

Day 87

바람이 나더러 그대들을 떠나라고 재촉합니다.

나는 바람만큼 급할 것은 없으나 이제는 가야만 합니다.

우리 나그네들은 늘 외로운 길을 찾아 떠나기에, 하루를 마친 곳에서 새 날을 맞지 않습니다.

저녁 빛은 우리를 떠나보낸 곳에서 아침빛을 맞게 하지 않습니다.

땅이 잠들어 있을 때에도 우리는 길을 떠납니다.

우리는 생명력이 강한 씨앗이니, 우리 가슴이 무르익고 그윽해질 때면 바람에 몸을 맡겨 흩어질 것입니다.*

You are the way and the wayfarers.

당신들이 길이며 길을 걷는 자입니다.*

만다라 지혜노트

Day 88

내가 그대들과 보낸 나날들은 짧았으며, 내가 한 말은 더욱 짧았습니다.

허나 내 목소리가 그대들 귓가에서 희미해지고 내 사랑이 그대들 기억 속에서 사라지게 되면, 그때 나는 다시 올 것입니다.

그리고 더욱 넉넉한 가슴으로, 영혼을 가득 채워 주는 입술로 말할 것입니다.

그렇고말고요.

나는 물결을 타고 돌아오겠습니다.*

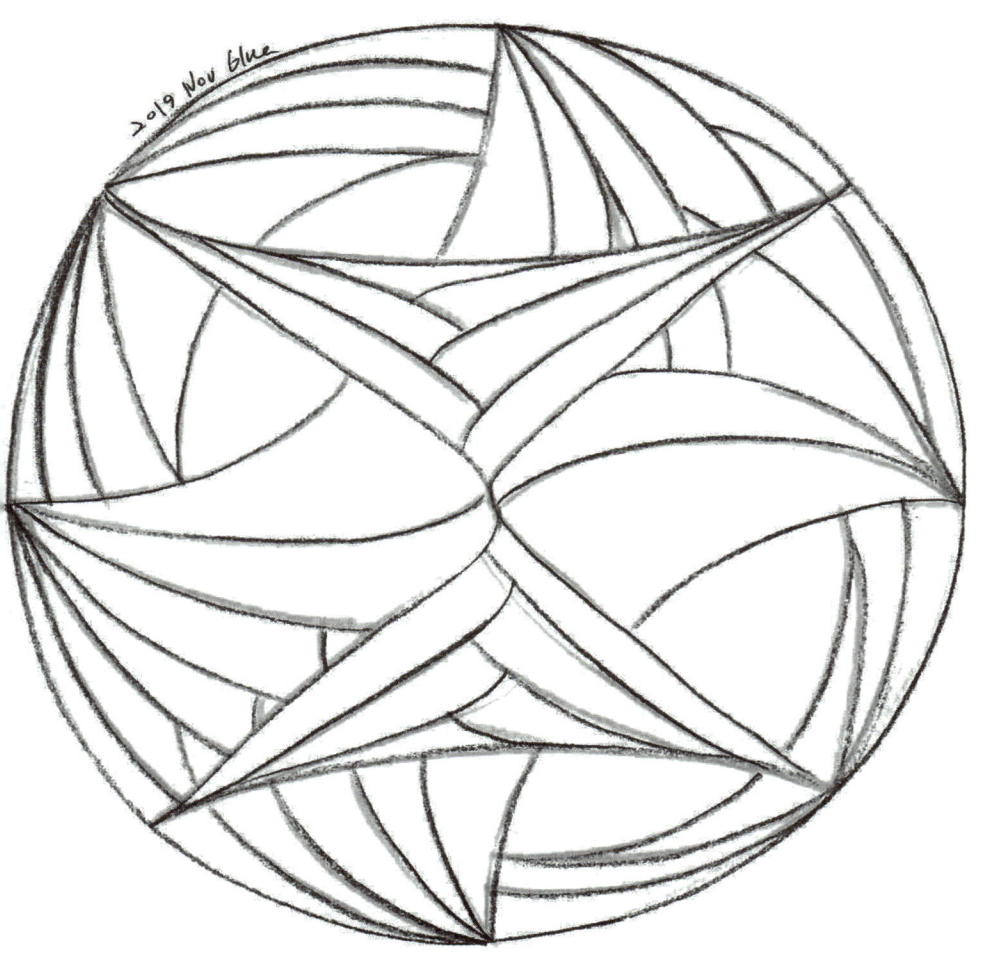

You cannot separate the just from the unjust and the good from the wicked.

당신들은 정의로운 자와 그렇지 못한 자를 분리시킬 수 없으며 선한 자와 악한 자를 분리시킬 수 없습니다.*

만다라 지혜노트

Day 89

비록 죽음이 나를 가리고 거대한 침묵이 나를 감싸 안더라도 그대들을 다시 일깨우려 애쓰겠습니다.

그리고 그런 노력은 헛되지 않을 것입니다.

내가 무엇을 말하든 그것이 진실이라면, 그 진실은 더욱 또렷한 목소리로, 그대들 생각에 더욱 가까운 언어로 제 모습을 드러낼 것이기 때문입니다.*

But you who walk facing the sun, what images drawn on the earth can hold you?

그러나 태양을 바라보며 걸어가는 당신들은, 땅 위에 드리운 어떤 영상들이 당신들을 잡아둘 수 있겠습니까?

만다라 지혜노트

Day 90

나는 바람과 함께 가지만 허공으로 떨어지는 것은 아닙니다.

혹여 오늘 그대들 욕구와 내 사랑이 채워지지 않더라도, 또 다른 날을 기약하도록 합시다.

인간의 욕구는 변하는 법이지만, 사랑과 깊은 소망은 변하지 않으니 사랑이 우리의 욕구를 채워 줄 것입니다.

그러니 기억해 두십시오.

내가 저 깊은 침묵에서 돌아오리라는 것을.*

Therefore let your soul exalt your reason to the height of passion, that it may sing.

그러므로 당신의 영혼이 당신의 이성을 열정의 높이까지 고양시키도록 하십시오, 그러면 이성이 노래할 것입니다.*

만다라 지혜노트

Day 91

안개는 새벽에 이리저리 떠돌다가 들판에 이슬로 남을 뿐이지만, 결국 날아올라 구름이 되어 비로 내릴 것입니다.

나 또한 이 안개와 다름이 없습니다.

밤의 고요 속에서 나는 그대들의 거리를 거닐었고, 내 영혼은 그대들의 집을 찾았습니다.

그대들의 심장이 내 심장 속에서 뛰었고, 그대들의 숨결이 내 얼굴에 와 닿았으니, 나는 그대들을 다 압니다.*

And let it direct your passion with reason, that your passion may live through its own daily resurrection, and like the phoenix rise above its own ashes.

이성으로 당신들의 열정을 이끌게 하십시오. 그래서 당신들의 열정이 스스로 날마다 부활하여 살아날 수 있도록. 마치 자신을 태운 잿더미를 넘어 날아오르는 불사조처럼.*

만다라 지혜노트

Day 92

아아, 나는 그대들의 기쁨과 고통을 알고 있으며, 그대들의 잠 속에서 그대들의 꿈은 곧 내 꿈이었습니다.

때로 나는 산속에 있는 호수처럼 그대들 속에 있었습니다.

그대들 속에 자리한 산꼭대기와 구부러진 산비탈을 비추었고, 떼 지어 지나가는 그대들의 생각과 소망까지 비추었습니다.

가만히 있으면 그대 아이들의 웃음소리가 시냇물처럼 밀려왔고 그대 젊은이들의 갈망이 강물처럼 밀려왔습니다.

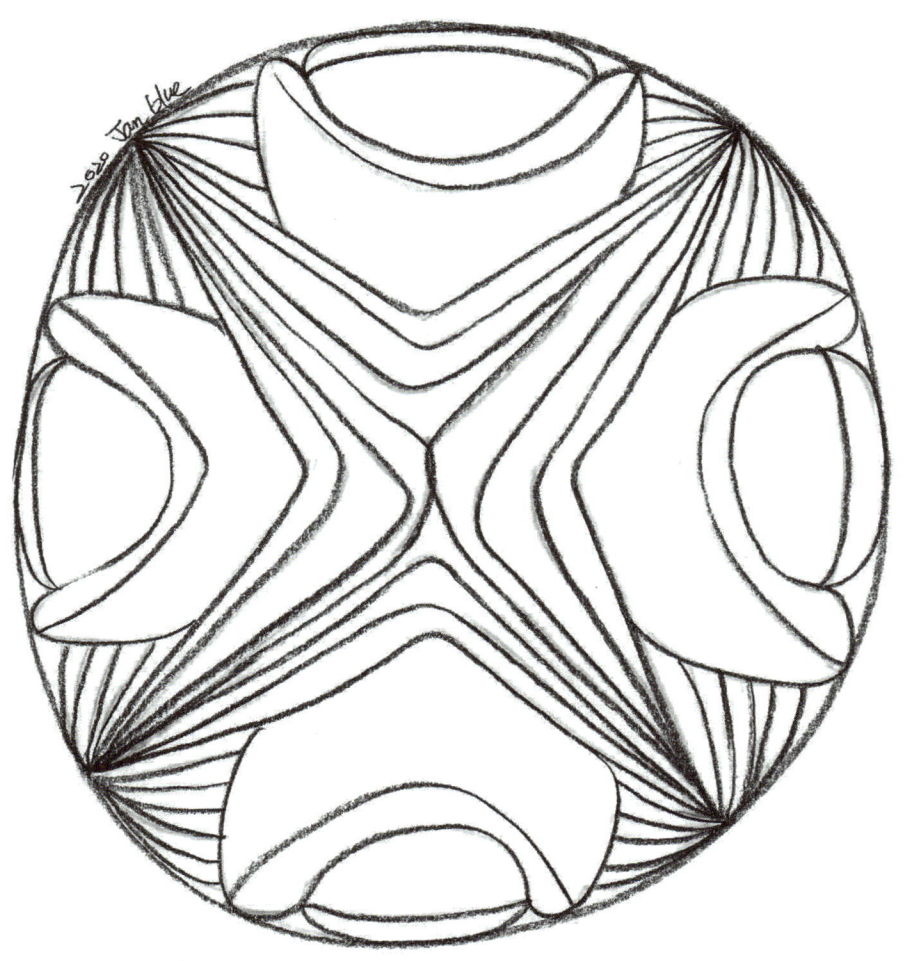

And since you are a breath in God's sphere, and a leaf in God's forest, you too should rest in reason and move in passion.

당신들 또한 신의 창공에서 한 호흡이며 신의 숲에서 나뭇잎 하나이므로, 당신들 또한 이성 속에서 쉬고 열정으로 나아가야 합니다.*

만다라 지혜노트

Day 93

그것들이 내 안 깊은 곳에 닿았을 때도 시냇물과 강물은 노래를 멈추지 않았습니다.

오히려 웃음소리보다 더욱 달콤한 것이, 열망보다 더욱 뜨거운 것이 나를 덮쳤습니다.

그것은 그대들 안에 무한히 존재해 왔습니다.

거대한 인간인 그분 앞에서 그대들은 한낱 세포이자 힘줄이며, 그분 안에서 그대들의 모든 노랫소리는 한낱 소리 없는 두근거림입니다.*

Your pain is the breaking of the shell that encloses your understanding.

당신들의 고통은 당신들의 이해를 에워싼 딱딱한 껍질이 깨어지는 것입니다.*

만다라 지혜노트

Day 94

그대들은 이 거대한 인간 속에서 거대해집니다.

그러니 나는 그분을 들여다봄으로써 그대들을 보고 또 사랑하게 되었습니다.

그렇지 않다면 이 광대한 영역에도 없는 사랑이 그렇게 멀리까지 가닿을 수 있겠습니까.

그 어떤 환상, 그 어떤 기대, 그 어떤 추측이 저 비행보다 높이 날아오를 수 있겠습니까.*

Even as the stone of the fruit must break, that its heart may stand in the sun, so must you know pain.

열매의 씨앗이 깨져야만 그 속살이 태양에 드러나는 것처럼 그렇게 당신들은 고통을 알아야만 합니다.*

만다라 지혜노트

Day 95

사과 꽃에 뒤덮인 키 큰 참나무처럼 그대들 안에는 거대한 인간이 있습니다.

그의 힘이 그대들을 이 땅에 묶고, 그의 향기가 그대들을 우주로 들어 올립니다.

그의 질긴 생명력 속에서 그대들은 결코 죽지 않을 것입니다.

그대들은 이 말을 들었을 것입니다.

그대들이 쇠사슬이라 하여도 약한 쇠사슬이며, 그중에서도 가장 약한 고리라는 것을. 허나 이것은 절반만이 진실입니다.*

And could you keep your heart in wonder at the daily miracles of your life, your pain would not seem less wondrous than your joy;

생의 일상적인 기적들 속에서 당신들의 마음을 경이로움으로 간직할 수 있다면 당신들의 고통은 당신들의 기쁨 못지않게 경이로울 것입니다.*

만다라 지혜노트

Day 96

그대들은 강한 쇠사슬이기도 하며 그중에서도 가장 강건한 고리이기도 합니다.

하찮은 행위로 그대 자신을 재단하는 것은 덧없는 거품으로 바다의 힘을 헤아리는 것과 같습니다.

그대가 저지른 실패로 그대 자신을 판단하는 것은 쉬이 변한다고 계절을 헐뜯는 것이나 마찬가지입니다.*

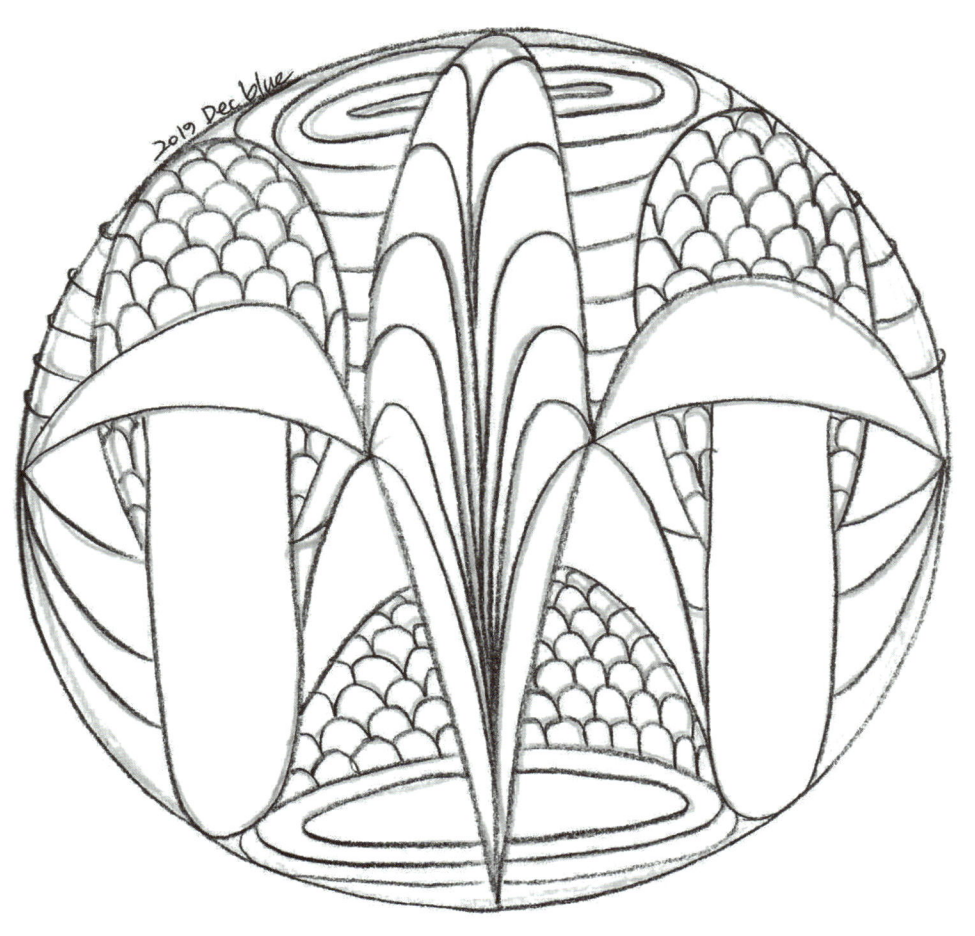

Much of your pain is self-chosen.

당신들의 고통 중 많은 것들은 스스로 선택한 것입니다.*

만다라 지혜노트

Day 97

그렇습니다.

그대들은 드넓은 바다와 같습니다.

무거운 짐을 가득 실은 배가 바닷가에서 물때를 기다릴지라도, 그대들이 바다처럼 물때를 서두를 수는 없습니다.

그대들은 계절과 같습니다.

그대들이 겨울 안에서 봄을 밀어낼지라도, 봄은 그대들 속에 누워 나른히 미소 지으며 화내지도 않을 것입니다.*

It is the bitter potion by which the physicians within you heals your sick self.

고통은 쓰지만 고통에 의해 당신들 내면의 의사들이 당신의 아픈 자아를 치료합니다.*

만다라 지혜노트

Day 98

그저 나는 그대들 스스로가 생각으로 아는 바를 말로 한 것뿐이니, 말로 아는 지식이란 말 없는 지식의 그림자에 불과한 것이 아닙니까.

그대들 생각과 내 말은 봉인된 기억에서 물결치는 파도입니다. 그 기억에는 우리 지난날이 기록되어 있습니다.

이 땅이 우리뿐만 아니라 스스로를 몰랐던 옛날도, 땅이 혼돈으로 어지러웠던 시절의 밤도 기록되어 있습니다.*

Therefore trust the physician, and drink his remedy in silence and tranquility.

그러므로 그 의사를 신뢰하고 침묵과 평온함 속에서 그의 치료약을 마십시오.*

만다라 지혜노트

Day 99

현명한 이라면 그대들에게 지혜를 나눠주러 왔겠지만 나는 그대들의 지혜를 **빼앗으러** 왔습니다.
그런데 보십시오. 내가 더 큰 것을 찾지 않았습니까.
그것은 그대들 안에서 점점 모여 불타오르는 영혼의 불꽃입니다.
허나 그대들은 그 불꽃을 활활 지피는 것에는 관심이 없고 그대들이 나날이 시들어 가는 것만을 슬퍼하고 있습니다. 이는 생명이 무덤을 두려워하는 몸속에 갇혀 생명을 찾아다니는 것이나 마찬가지입니다.*

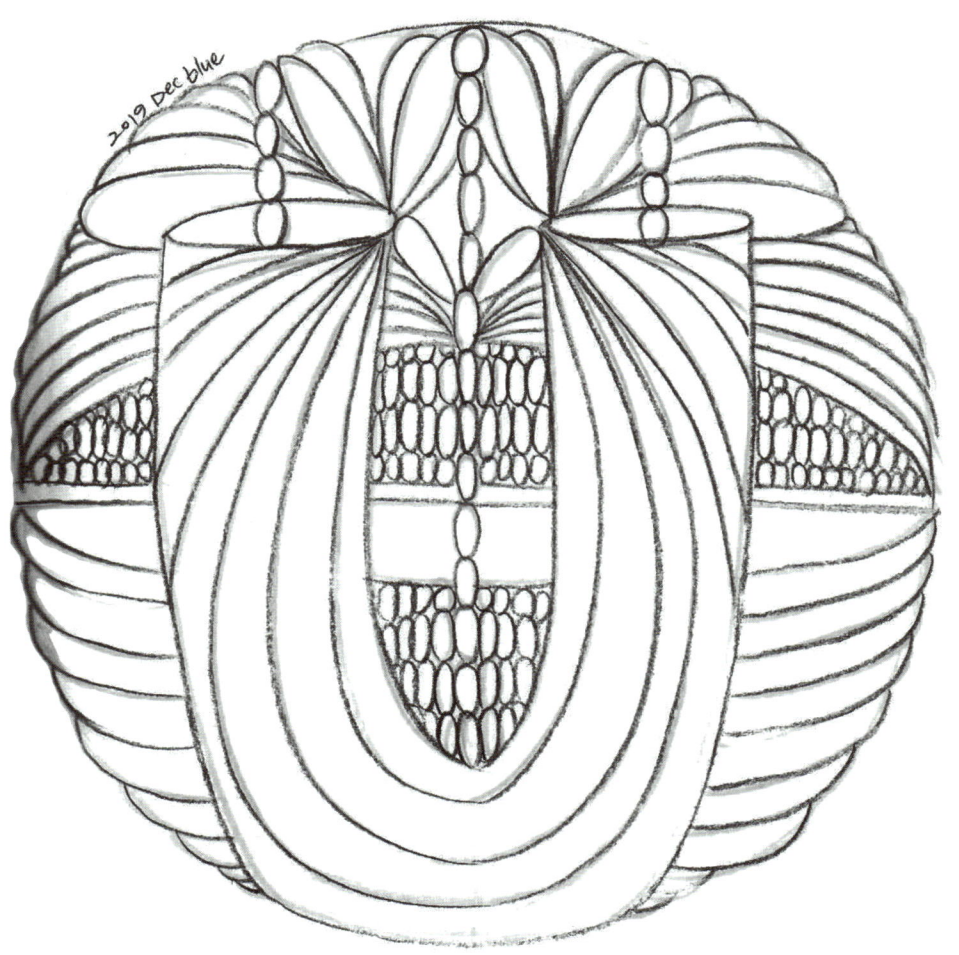

The hidden well-spring of your soul must needs rise and run murmuring to the sea; and the treasure of your infinite depths would be revealed to your eyes.

당신들의 영혼의 숨겨진 샘은 솟아올라 바다로 속삭이며 달려갑니다. 당신들의 무한한 깊은 곳에 숨겨진 보물은 당신의 눈앞에 모습을 드러내야 합니다.*

만다라 지혜노트

Day 100

허나 여기에 무덤은 없습니다.

이 산맥과 초원은 요람이자 디딤돌일 뿐입니다. 그대 조상들이 누워 있는 들판을 지날 때마다, 그대들은 스스로의 모습을 볼 것이며 그대 아이들이 손잡고 춤추는 모습을 볼 것입니다.

참으로 나는 산을 올랐고 먼 곳을 돌아다녔습니다.

허나 내가 높은 곳에 오르지 않거나 먼 거리를 다니지 않았다면 그대들을 어찌 볼 수 있었겠습니까.

사람이 멀리 서 보지도 않고 어찌 진정 가까워질 수 있겠습니까.*

For the soul walks upon all paths. The soul walks not upon a line, neither does it grow like a reed. The soul unfolds itself, like a lotus of countless petals.

왜냐하면 영혼은 모든 길 위를 걷기 때문입니다. 영혼은 한 길만 걷지 않으며 또한 갈대처럼 자라지도 않습니다. 영혼은 그 스스로를 펼칩니다. 마치 셀 수 없는 꽃잎을 가진 연꽃처럼.*

만다라 지혜노트

나가며

보여줄 수 있는 사랑은 아주 작습니다

219

나가며

보여줄 수 있는 사랑은 아주 작습니다

    칼릴 지브란은 1883년에 지구별에 도착해 1931년, 48년의 짧은 산책을 마감합니다. 그는 시인이고 철학자이고 화가이며 영성가입니다. 그가 태어난 곳은 레바논이고 지구별 여행을 마감한 곳은 미국입니다. 그의 책 [예언자]는 영어로 먼저 출판되었어요. [예언자]는 20세기에 출간된 영어로 쓴 책들 중에서 [성경] 다음으로 많이 팔린 책이라고 해요.

    필자는 이 책을 7번 쯤 필사해 보았어요. 대개는 자판을 활용하는데요, 이 책은 연필을 깎아가면서 한 글자 한 글자를 종이에 새겨 보았습니다. 제 안의 영혼이 행복해 하더군요.

칼 구스타프 융 박사는 분석심리학자입니다. 그는 인간은 5%의 의식과 95%의 무의식으로 이루어진 존재라고 말합니다. 우리는 현실이라는 물질적인 공간을 살고 있지만 사실은 생각 속을 살고 있는지도 모릅니다. 생각이 생각하는 대로 몸은 움직이기 때문이죠. 그런데 이 생각이 또 의식과 무의식으로 나뉜다는 거에요. 무의식 속에는 또 잠재의식이 존재하구요. 우리의 일거수일투족은 모두 무의식에 차곡차곡 저장됩니다. 이 중 의식적인 공부를 통한 재료들은 잠재의식이라는 창고에 보관된답니다. 공부를 열심히 하다보면 깨달음의 씨앗들을 발견하게 되고 그 씨앗들이 공부라는 햇살과 비와 바람을 맞으며 튼실하게 자라면 비로소 전인적인 존재에 이르게 된다고 융 박사는 말합니다.

인간의 눈은 세 종류가 있다고 해요. 육안, 심안, 그리고 영안. 물질 공간을 살아가는데 육체의 눈이 가장 중요할 것 같지만 사실 몸뚱이에 달린 눈이란 생각이 이끄는 대로 사물을 바라보고 판단하는 역할 외에 다른 역할이 없습니다. 눈이 있어서 볼 수 있지만 눈이 있다고 모든 것을 제대로 볼 수 있는 것은 아니라는 거지요.

그렇다면 제대로 보기 위해서는 무엇이 필요할까요. 또 다른 눈이 필요하겠지요. 그것이 마음의 눈이고 영혼의 눈인 것 같아요. 그러면 마음의 눈을 깨우려면 우리는 무엇을 해야 하나요? 공부를 해야 합니다. 책을 펼쳐야 합니다. 사람들은 21세기는 시각의 세상, 속도의 세상이므로 책이란 모두 전자화 될 것이고 유투브처럼 영상화될 것이므로 종이로 된 책은 무용해질 것이라고 말합니다. 하지만 저는 생각이 다릅니다. 고도의 첨단 문명이 발달해 과학을 통하여 불필요한 육체를 지워버리고 뇌만 남아서 삶을 운용하게 된다 하더라도 결국 [뇌] 또한 하나의 물질 덩어리라고 본다면 인간은 몸을 통하지 않고서는 깨달음을 얻기가 요원합니다.

몸이 주체가 아니라 생각이 주체가 되어, 아니 어떻게 보면 몸과 생각이 한 팀이 되어야만 비로소 인간,에 이르는 것이 사람이고 보면 몸이 몸다울 수 있으려면 반드시 의식, 정신, 마음의 영역이라는 거울을 통과해야만 합니다. 이 거울을 통과하기 위해서는 책이라는 물질이 반드시 필요하다고 저는 생각합니다.

작금의 물질문명의 폐해는 정신세계의 활동이 부재하기 때문입니다. 인간들은 생각하는 습관을 잃어버리고 있습니다. 말하자면 생각 자체가 퇴화되고 있는 거죠. 모든 것이 실용성에만 초점이 맞춰져 있고 모든 것이 돈을 숭앙하는 방향으로 가고 있습니다. 돈이 인간의 머리 위에서 인간을 지배하고 있습니다. 물질만능주의

의 세상에서 인간은 점점 아픕니다. 그것은 몸이 아픈 것이라기보다는 마음이, 정신이, 영혼이 아프기 때문에 몸이라는 현상으로 드러나는 것일 뿐이라고 저는 생각합니다.

마음을 바꾸기 위하여, 아니 내 마음을 들여다보기 위하여 만다라를 활용합니다. 융 박사가 환자들에게 만다라를 그리기를 권했던 것은 만다라가 내면을 들여다보는 거울 역할을 하기 때문입니다. 필자가 쓴 [만다라 마음노트]와 [만다라 철학노트]를 통하여 전국의 많은 독자들이 컬러링을 하면서, 만다라를 그리면서 뜻하지 않은 세상, 스스로도 놀랍고 경이로운 세상에 도달하였음을 다양한 경로를 통하여 저에게 알려줍니다. 요즘에도 한 달에 한 번씩 진행하는 북스테이나, 전국 인문학 강의를 통하여 그 신비로운 체험을 공유하고 있습니다.

육안을 벗어나 마음을 들여다보게 하는 도구, 의식과 무의식을 만나게 하는 도구,를 자꾸 곁에 있는 소중한 이들에게 전해줍니다. 혹자는 당황해하고 혹자는 감동합니다. 혹자는 성장하고 혹자는 책을 덮습니다. 혹자는 새로운 색감에 도달하고 혹자는 가다가 멈춥니다. 마음의 영역을 들여다보는 신기한 도구로서의 만다라를 통해 다음 단계인 영혼의 세계로 진입합니다. 이 영혼의 눈, 영혼의 세상, 영성을 말하는 곳, 칼릴 지브란의 언어입니다. 그는 짧은 지구별 여행을 했을 뿐이지만 지구인들에게 커다란 선물을 주고 간 것 같습니다.

인간은 죽을 때까지 말과 글로 소통하는 것이라고 저는 입이 닳도록 말합니다. 하지만 그 말이 혹자에게는 잔소리일 것이고 혹자에게는 천둥이 되어 향후의 삶을 바꾸리라 생각합니다. 저의 방점은 늘 가다가 멈추는 이에게 있는 것이 아니라 멈췄다가 다시 시작하고 포기하다가 다시 시작하는 이에게 맞춰져 있습니다. 인간은 늘 불완전한 존재임을 인식하고 나 자신이 또한 그러한 인간임을 자각하는 것, 모든 깨달음의 출발입니다.

"시작은 미약하나 그 끝은 창대하리라."

이 문장을 체험적으로, 온몸으로 경험하고 싶다면 그저 날마다 같은 보폭으로 걷기만 하면 됩니다. 다른 많은 것들이 필요치 않습니다. 그저 "일어나 걸으라." 이 문장만 마음에 품으십시오.

인간은 의식적으로 자꾸 자꾸 생각하지 않으면 생각이라는 것을 깨울 수 없습니다. 의식적으로 생각하는 것, 그것이 바로 공부입니다. 몸뚱이를 나태와 태만의 도구로 쓰지 마세요. 당신의 몸뚱이를 성장과 성숙의 마중물로 활용하세요. 죄 중에 가장 큰 죄는 '나답게 살지 못한 죄'라고 합니다. 내가 가진 능력은 나를 통하여 타자에게로 전해지는 통로일 뿐 나의 것이 아닙니다. 배워야만 깨달을 수 있습니다. 깨달아야만 바뀝니다. 바뀌어야만 새로운 나를 만날 수 있습니다. 새로운 나. 그것이 진정한 나입니다. 껍질이 내가 아니라 껍질을 깨고 나온 나, 말입니다. 과거의 내가 진정한 내가 아닙니다. 어제와 오늘, 그리고 내일까지 모두 포함한 존재가 비로소 [나]입니다. 진정한 [나]를 찾아가는 여정이 100년 동안의 지구별 여행인 것이지요.(혹자에게 100년은 가닿지 못할 먼 곳일 수도 있지만 대부분의 사람들이 아무것도 하지 않고도 종종 100년 동안의 종착점에 다다르기도 할 것입니다.)

1922년, 39세의 칼릴 지브란은 이렇게 말했네요.

"햇살과 따사로운 온기를 받아들이려 한다면 또한 천둥과 번개도 받아들일 수 있어야 합니다."

맞습니다. 우리가 행복하다고, 혹은 불행하다고 말하는 것, 혹은 느끼는 것은 나의 [생각]이 그렇게 받아들였기 때문입니다. 상황은 그대로지만 받아들이는 이의 관점에 따라 상황은 얼마든지 달리 해석되니까요.

1912년, 칼릴이 사랑했던 메리 해스켈은 칼릴에게 이렇게 연서를 보냅니다.

"그의 문체는 좋아하지만 그의 사상은 좋아하지 않아." 라고 말할 때 우리는 무심코 자기모순에 빠지고 맙니다. 문체와 사상은 하나인 것입니다."

저는 이 문장이 이렇게 읽힙니다. "당신의 몸과 당신의 마음은 하나입니다." 라고요. 겉으로 드러나는 문체와 내면에 포함된 사상이 다른 것처럼 느껴지지만 사실은 동질의 것이다,라고 메리는 말합니다. 의식과 무의식이 다르지 않아야 합니다. 기쁨과 슬픔이 다르지 않아야 합니다. 고통과 감사가 다르지 않아야 합니다. 빛과 그림자가 다르지 않습니다. 고통과 감사가 다르지 않습니다. 기쁨과 슬픔이 다르지 않습니다. 거울에 비치는 나 자신처럼 다만 나의 이면異面일 뿐이니까요.

1912년, 메리에게 칼릴은 이렇게 답장을 보냅니다.

"내가 만약 어떤 이의 마음속에 새로운 세계를 열어 줄 수 있다면 나의 삶은 결코 헛되지 않을 것입니다.

인생 그 자체는 하나의 실제일 뿐, 환희나 고통, 행복이나 불행을 의미하지 않습니다. 증오하는 것은 사랑하는 것과 같습니다. 적은 친구와 같습니다.

홀로 사는 삶을 사십시오. 바로 자 신 의 삶 을. 그리하면 우리는 진정한 인류의 친구일 수 있습니다.

나는 나날이 거 듭 납 니 다. 내가 여든이 되어도 나는 여전히 변화의 모험을 계 속 할 것 입 니 다.

과거에 내가 행한 일은 더 이상 내 관심사가 아닙니다. 그것은 과거일 따름입니다.

나에게는 껴안을 것이 너무나 많습니다. 이 삶의 한가운데서."

사랑은 이기적利己的인 것을 사랑이라 말하지 않습니다. 사랑은 이기利己에서 이타利他로 넘어갑니다. 이기와 이타가 조화롭게 길항拮抗합니다. 나에 대한 사랑으로 출발하여 너를 통과하여 우리에 이르는 것, 그것이 사랑입니다. 그것이 지 혜 로 운 사 랑 입니 다. 사랑만큼 배우고 익혀야 할 것이 있습니까? 사랑은 모든 것입니다. 단, 사랑은 지혜智慧를 품어야 합니다. 우리는 지혜로운 자로 성장하는 중입니다. 칼릴 지브란의 음성에 귀 기울여 보세요. 만다라를 들여다보고 컬러링을 해 보세요. 내 안의 것들과 눈을 마주쳐 보세요. 새로운 사랑,을 만나 보세요. 새로운 지혜,를 터득해 보세요.

이 책은 날마다 그린 100점의 만다라가 들어 있습니다. 한 사람의 의식과 무의식이 조화롭게 만나는 순간들이 구조화되어 있습니다. 이 모두가 만나는 지점은 사랑입니다. 하지만 사랑은 무궁무진無窮無盡하나 우리가 보여줄 수 있는 사랑은 아주 작습니다.*

참고문헌

칼릴 지브란, [옷], 신형건 옮김, 조경주 그림, 보물창고

칼릴 지브란, [사랑의 언어는 침묵입니다], 김기태 옮김, 선영사

[필사의 힘, 칼릴지브란처럼], 장영재 펴낸 이, (주) 미르북컴퍼니

칼릴 지브란, [예언자], 정창영 옮김, 물병자리

칼릴 지브란, [누군가에게 어떤 의미가 되어], 송기철 옮김, 간디서원

칼릴 지브란, [예언자/영가], 유제하, 윤삼하 역, 범우사

칼릴 지브란, [미친놈과 떠돌이], 김문환 옮기고 엮음, 지식산업사

칼릴 지브란, [모래/물거품], 정은하 옮김, 진선books

칼릴 지브란, [예언자], 유정란 옮김, 더클래식

Khalil Jibran, [The Prophet], 더클래식

Khalil Jibran, [The PROPHET], 30cm 영어연구소

칼릴 지브란, [TEA TIME 그리고 MESSAGE], 이수민 옮김, 도서출판선영사

칼릴 지브란/메리 해스켈, [보여줄 수 있는 사랑은 아주 작습니다], 정은하 옮김, 진선출판사

칼릴 지브란, [눈물과 미소], 김승희 옮김, 문예출판사

칼릴 지브란, [예언자], 김민준 옮김, 자화상

칼릴 지브란, [예언자], 유제하 옮김, 범우사

칼릴 지브란, [어느 광인의 이야기], 권루시안 옮김, 진선books

칼릴 지브란, [지혜의 서], 강주헌 옮김, 아테네

만다라로 떠나는 지혜 여행
만다라 지혜노트

초판 1쇄 발행 2020년 05월 13일
개정판 1쇄 발행 2020년 05월 29일

지은이 이 서 영
펴낸이 이 서 영
기　획 이 익 돈
편　집 이 진 재
교　정 정 성 철
삽　화 이 서 영
디자인 (주)애플이즈
인　쇄 (주)디에스프린텍

펴낸곳 솔아북스
등록일자 2015년 9월 4일
신고번호 제 477-2020-000001호
주　소 전북 순창군 복흥면 추령로 1746
E-mail ebluenote@hanmail.net